短時間でパッとできる
図工あそび大事典

6年間まるっとおまかせ!

『授業力&学級経営力』
編集部 編

明治図書

イントロダクション

学校のスキマ時間を
図工あそびで
うめつくそう！

同志社女子大学　竹井　史

1. 子どもは図工あそびが大好き！

　子どもはちょこっとした遊びが大好き。またまた，ちょこっとしたものをつくるのも大好き！　この2つは，学校で過ごす子どもたちを観察すればすぐにわかります。だとするなら，ものづくりと遊びをかけ合わせた，「図工あそび」は，子どもたちにとって大・大好きな領域！　のはず，です。

　休み時間の子どもたちを見ていると，ノートに絵を描いたり，いらない紙で紙ヒコーキを折って飛ばしたり，消しゴムやスリッパを重ねて積み上げたりして遊んでいます。1人が始めると他の子どもも真似をし始め，ゲームのように遊び始めることもあります。これらはすべて子どもならではの造形にかかわる創造的な行為です。子どもたちはこうした活動を通じて，想像の世界をふくらませ，ものの見立てや見方を様々に変化させながら，豊かな人間関係を育んでいきます。

　「そんな姿は見られないですが…」という学級や子どもたちがいれば，黄色信号！　かもしれません。子ども本来の豊かな感性が閉じこめられてしまい，手や頭がさびつき始めている可能性があります。こんなとき，是非，学級の中に図工あそびのできる環境を取り入れ，子どもたちが本来もっている生き生きした豊かな生活を取り戻しましょう！

2.図工あそびの材料は身近に―何でも材料箱（袋）のススメ―

　先生方の中には、「とは言われても、図工は苦手だし、何をしたらいいのかわからない…」と悩まれる方も少なくないと思います。

　そんなときは、まず段ボール箱を1つ用意してみましょう。箱ではかさばるというのであれば袋でも大丈夫です。その中に、教室の中で出た書き損じの紙や使えそうな箱やひも、不要になった画用紙や色紙の切れ端など、面白い色や形のもの、ものづくりに使えそうな材料を捨てずにためておく、「何でも材料箱（袋）」を用意しておきましょう。

　大切なことは、ゴミを入れるのではなく、何か面白い色や形や何かに使えそうだと思うものを選んで入れることです。先生も子どもも自由に入れたり、出したり。子どもたち、先生はその箱の中のものは自由に使っていいことにします。環境はこれだけです。それを使ってちょこっとした遊びに使うのです。材料が少なくなってきたら、そっと図工あそびに使えそうな材料を入れておくのもポイントです。思うに今の学校や学級は整理されすぎてしまって、想像のための余地のない空間になっていることがあります。そんな空間では何かをしようと思ったら、ハードルも上がり、1から材料を用意して始めなくてはなりません。材料箱（袋）は、そんなハードルの高さを低くしてくれて、図工あそびの推進力になってくれます。

3.図工あそびは子どもの想像力や科学する心を豊かにする

　たとえば、色紙（いろがみ）やコピー用紙が1枚あったとします。これでどんな図工あそびができるでしょうか。絵を描くのはもちろん、丸めて望遠鏡、転がるおもちゃ、折り目を加えると更にその世界は広がります。子どもたちがよくするのは折り紙や紙飛行機つくり。想像力と美的な感性を働かせて思い思いのカッコいい紙飛行機を創作します。その力は大したものです。しかし、見よう見まねでつくった紙飛行機は、思うようには飛んでくれない

ことがあります。「どうしたらもっと飛ぶんだろう」子どもたちは，自分なりに考え始めます。科学的な視点を伴った教材研究の始まりです。「あ，そうか，翼が曲がっているからクルクル回るのか。なら，まっすぐにしてみよう」と試行錯誤が始まります。こうした活動は，子どもたちが科学する心を育む貴重な時間です。時には，クシャッと丸めてボールにして遊ぶこともあります。1枚の紙は何にでも変化する魔法の紙ということができます。

4. 図工あそびのアイデアを集めよう

　自由な発想を生かせる図工あそびは，先生の仕掛けで大きく弾みをつけることができます。先生の役割は，アイデアの収集と教材研究，そして適切なタイミングでアイデアを提供することです。これらのアイデアがあれば，折り紙遊びはもちろん，折って息を吹きかけてヘコヘコ動くおもちゃ，縦または横にクルクル回るおもちゃ，「ピーッ」「ぷーっ」となる笛，すいすい〜っと泳ぐように飛ぶ飛行機などいろいろなものができます。

　大切なのは，身近な材料を使う際に，その質や使い方に注意を払うことです。たとえば，紙には繊維の方向があり，それによって強度が変わります。それを意識することで長らく遊べたり，強度不足で遊べなくなってしまったり，の変化が現れます。また，長さや大きさを適当にしていいところと決められた長さや大きさ（例えば，ストロー笛をつくるときには直径6mmのストロー，リードは約2cmなど）でないとパフォーマンスを発揮できないところなどいろいろです。こうした細かな工夫が，ワクワクする図工あそびを生み出します。

　こんな風にしてできた図工あそびの環境は，じわじわと活気を取り戻します。「先生，こんなのができた！」「見て，見て，面白い生き物ができた！」「面白い遊びを見つけた」。たくさんの図工あそびで，学校のスキマ時間をうめつくしましょう！

イントロダクション／竹井　史

学校のスキマ時間を図工あそびでうめつくそう！／003

内容別　短時間でパッとできる図工あそび

学級開き・授業開きであそぶ

紙コップ1つで動くパペット人形をつくろう！ コップちゃん人形／012
友達の感じ方を知ろう！ 形や色で今日の気分♪／014
真っ白な紙1枚できずなを深めよう！ 真っ白パズル／016
新聞紙だけでつくろう！ フライング新聞／018
簡単できれいなカードをつくろう！ 模様づくり／020
白と黒で表そう！ 白黒の世界／022
1色で表そう！ 空を描こう／024
2色で表そう！ ミッション！より多くの色をつくろう／026
紙コップで簡単にできる！ 自己紹介サイコロ／028
どこを通るのかな？ ぐにゃぐにゃめいろ／030

絵を描いてあそぶ

見比べて味わおう！ 富士山をかこう／032
楽しく描こう！ お絵かきしりとり／034
思いついたままに描こう！ ○から何が？／036
想像力を発揮させよう！ つづきの世界／038
柔軟な発想力を育もう！ かたちたんてい／040

夢の魚を描き窓に飾って楽しもう！**夢の水族館**／042
違いにびっくり大笑いしよう！**へんてこ絵描き歌**／044
想像して楽しもう！**飛び出したムンク**／046
作者の思いに寄り添って描こう！**想像してミロ！**／048

動かしてあそぶ

動きから想像しよう！**コトコトとことこ**／050
折り方や切り方を工夫し面白い落下の動きを楽しもう！**おもしろパラシュート**／052
切ったり曲げたりした紙帯を落とし動きに注目しよう！**くるくる・ひらひら研究所**／054
くるくる回して遊ぼう！**立体迷路**／056
輪ゴムでふんわり紙コップを面白く飛ばそう！**くるくるフライングコップ**／058
工夫してつくった迷路でタイムを競おう！**ストロー迷路**／060
息を吹きかけて絵を動かそう！**くるくるアニメ**／062
何を滑らせて競争しよう！**何でもスキーヤー**／064
壁に沿ってゴールを目指そう！**落ちるな！忍者迷路**／066
紙1枚で仕掛け絵をつくろう！**変わる？絵**／068
折り紙1枚で盛り上げよう！**のばして変わる！どう変わる？**／070
水の上に浮かせてモーターで動かそう！**自分色の船，出港！**／072

音を出してあそぶ

紙コップと輪ゴムで鳴らす面白楽器をつくろう！**ミミンバ**／074
牛乳パックとキャップでカスタネットをつくろう！**牛乳パックカスタネット**／076
何の鳴き声か想像しよう！**アニマル紙コップ**／078
身近な物を使った音で遊ぼう！**何を，どうした音でしょう**／080
折り紙1／4ですぐに鳴る笛をつくろう！**ピーピー笛**／082
ストロー1本で音の高さの変わる笛をつくろう！**ストロー笛**／084

折り紙1／4で楽器をつくろう！**はっぱ笛**／086
いろいろな物の音を聞いてみよう！**ペットマトラス**／088

競争してあそぶ

とってもよく飛ぶ飛行機を飛ばそう！**わっかひこうき**／090
息を吹いて的に当てよう！**吹き矢**／092
ペットボトルで射的を楽しもう！**ペット噴射**／094
思い切り飛ばそう！**バズーカ！**／096
つくったラケットで試合をしよう！**牛乳パックのラケットで卓球しよう！**／098
みんなの発想力を鍛えよう！**形からの発想ゲーム**／100
バランスを考え切った画用紙を高く立たせよう！**クミクミせいくらべ**／102
誰が高く飛ばせるかな？**かみトンボ**／104
絵で神経衰弱をしよう！**絵合わせゲーム**／106
絵で伝えて心を合わせよう！**お絵かき伝言ゲーム**／108
みんなで紙コップを積み重ねよう！**グラグラシーソー**／110

飾ってあそぶ

折りたたんで持ち運べる立体作品をつくろう！**旅の彫刻**／112
迷路に挑戦しよう！**ロープで迷路**／114
今日の給食を特別メニューにしよう！**みんなでランチパーティー**／116
周りの物に「おめめ」をつけて命を宿らせよう！**おめめフレンズ**／118
みんなでつくろう！**手つなぎ飾り**／120
折って切って開いてつなげてつくろう！**七夕飾り**／122
雨の日を楽しもう！**自分色のお気に入りの傘**／124
どこにつながるか想像をふくらませよう！**秘密の入り口**／126
新聞紙1枚でつくろう！**ニュースな花**／128

素材であそぶ

自然を材料にいろいろな生き物をつくろう！**アース虫**／130
光と色の重なりを楽しもう！**お花紙でステンドグラス**／132
紙の切れ端を有効活用しよう！**紙帯のオブジェ**／134
小さなスーパーマンでいろんなポーズをつくろう！**自由なモールマン**／136
たこ糸を指で押して貼り付けてスタンプをつくろう！**たこ糸はんが**／138
色や形を自分でカスタムしよう！**スケルトンうちわ**／140
2枚の折り紙でつくろう！**何に見えるかな？**／142
割り箸で遊ぼう！**割り箸マジックハンド**／144
銀色に輝く新種の昆虫を発見しよう！**新種発見！メタルバグ**／146
どんな形ができるかな？**つまようじオブジェ**／148
何気ないロール芯で無限大のあそびを楽しもう！**ロール芯であそぼう**／150

自然とあそぶ

落ち葉を生かして生き物をつくろう！**はっぱアート**／152
自然や素材に目玉をつけよう！**ここにふしぎな生き物が**／154
色とりどりの葉でつくろう！**葉っぱで描こう**／156
生き物のために考えよう！**いきもののすみか**／158
砂の感触を味わって遊ぼう！**砂場でボールコースター**／160
石の形から発想しよう！**お気に入りの石**／162
枝で自分だけの宝物をつくろう！**世界に一つだけのペン**／164
校庭でかくれんぼをしよう！**小人になった自分のお気に入りの場所**／166
キラキラかがやくすてきな世界を見つけよう！**キラキラ水の世界**／168
形や色を活かしてつくろう！**ネイチャーネームプレートをつくろう**／170

タブレット端末であそぶ

タブレット端末の写真機能でおもしろ顔を探そう！**フェイスアート**／172
そこに何があったのか考えよう！**シルエットクイズ**／174
身近な物から生き物をつくろう！**タブレットから生まれたよ**／176
人間の新境地に挑戦しよう！**ムービーインポッシブル**／178
思い出して描こう！**どんな顔だっけ？**／180
美術作品の特徴をつかもう！**アート検索対決**／182
面白い形の穴を見つけよう！**あなたは穴探偵団**／184
カメラで撮ってクイズにしよう！**これはなんだ？**／186
学校の中にあるいろいろな色を探そう！**学校の５レンジャーを探すんじゃー！**／188
体一つで不思議体験をしよう！**トリックピクチャー**／190

内容別　短時間でパッとできる 図工あそび

- 学級開き・授業開きであそぶ　012
- 動かしてあそぶ　050
- 競争してあそぶ　090
- 素材であそぶ　130
- タブレット端末であそぶ　172
- 絵を描いてあそぶ　032
- 音を出してあそぶ　074
- 飾ってあそぶ　112
- 自然とあそぶ　152

学級開き・授業開きであそぶ（工作）

紙コップ1つで動くパペット人形をつくろう！
コップちゃん人形

 時間　10分　　 準備物　●紙コップ，千枚通し（またはカルコ）
●はさみ，鉛筆，カラーペン

ねらい

紙コップに穴を開け，指を出すことで動く人形をつくり，人形をもとにコミュニケーションを図りながら楽しく遊ぶ。

対象
低学年
中学年
高学年

1. 実際に試して見せる

 じゃーん，「みんな，おはよう！」「コップちゃんだよ！」

 すごい！　動く人形だ！　紙コップでつくったの？

 そうです！　紙コップに，小さな穴を2つ開けます。そこに鉛筆を回しながら刺して穴を大きくします。その穴にはさみを指して切れ目を入れます。切れ目をコップの内側に入れて，顔を描いたら，かわいいコップちゃん！

2. 2人組になって遊ぶ

 2人組になって，お話して遊びましょう。

 手に見立てた指でちょんちょんして挨拶ができるよ！

うまくいくコツ
はさみの先を穴に入れて切れ目を均一に入れるときれいな穴が開く。

012

＼ プラスα ／

紙コップのふちを止め切りして，広げると，スカートになります。コップを横にして，そこに顔を描けば動物パペットに変身！ 紙コップの側面を細く切って曲がったしっぽをつくっても面白いです。

（竹井　史）

学級開き・授業開きであそぶ（絵で表す）

友達の感じ方を知ろう！
形や色で今日の気分♪

 時間 10分　 準備物　●はがきサイズの画用紙
●クレヨンまたはパス，色鉛筆

その日の気分を形や色で表現したカードを見せ合い，互いの気分を当てっこすることを楽しんで遊ぶ。

対象
低学年
中学年
高学年

1. はがきサイズのカードにその日の気分を形や色で表現する

 今の気分を形や色で表現しましょう。カードの裏に表したい気分を書きましょう。

2. グループでその日の気分を当て合う

 グループになって，気分を当てっこしましょう。

楽しい気分だから，明るい色にしたんだね。

 私と感じ方が違うね。

うまくいくコツ
形や色の見方や感じ方は人ぞれぞれ。お互い感じ方を認め合おう。

　　　　表　　　　　　　　　　裏

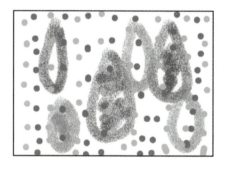

学級開き・授業開きであそぶ

＼ ポイント ／

気分がどんな形や色で表されているかに着目するようにし，いろいろな感じ方を認め合うようにしましょう。

（塚本　雅子）

内容別　短時間でパッとできる図工あそび　015

学級開き・授業開きであそぶ（紙を破る）

真っ白な紙1枚できずなを深めよう！
真っ白パズル

 時間 10分　 準備物 ●白いコピー用紙

破いた紙の形に着目しながら，友達と力を合わせてパズルを完成させる達成感を味わう。

対象　低学年　中学年　高学年

1. 4〜6人のグループをつくり，リーダーを1人決める

2. 1人1枚コピー用紙を配り，自由に破って4つのパズルに分ける

　パズルができたら，自分のパズルの形をよく見ておきましょう。

3. 全員のパズルをリーダーの元に集め，トランプの要領で混ぜて再び配る

　リーダーはパズルを混ぜて，1人ずつ順番に配りましょう。

　どれが誰のパズルか全然わからないよ！

4. スタートの合図で各自のパズルを交換し，自分のパズルを完成させる

　一番速く出来上がったチームの勝ちです！

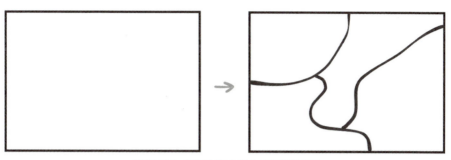

白のコピー用紙を自由に4つに破ります

真っ白だから難しい！ 自然と会話が生まれ、仲良くなれます♪

> ＼ プラスα ／
> ①話してはいけない，②友達にあげるのはいいが自分からもらってはいけない，などのルールを追加していくとますます盛り上がります！

（鈴木　さやか）

学級開き・授業開きであそぶ（紙を破る）

新聞紙だけでつくろう！
フライング新聞

時間　10分

準備物
- 新聞紙，セロハンテープ
- 油性ペン

ねらい
新聞紙の手軽さを利用して簡単に円盤ができることに興味をもたせ，投げ方を工夫してより遠くへ飛ばしながら遊ぶ。

対象：低学年／中学年／高学年

1. 新聞紙を見せる

今からこの新聞紙から空飛ぶ円盤のようなものをつくります。まず新聞紙1枚を細長く棒のようにします。次にそのはじとはじをつないでセロハンテープでとめます。最後に残った新聞紙を輪に合う大きさにちぎってセロハンテープでとめます。油性ペンで模様をつけてもいいです。

2. できたフライング新聞を飛ばしてみる

さあ，広い場所に移動してフライング新聞を飛ばしてみましょう。どのようにしたら遠くまで飛ばせるかな。

フリスビーみたいに横から投げるといいね！

的あてゲームみたいなこともできそうだね！

❶ 新聞紙1枚を細長く丸め，セロハンテープでとめる。

❷ 別の新聞紙を輪に合うように切り取り，セロハンテープでとめる。

❸ 新聞紙の上面に模様をつけてもよい。

＼ ポイント ／

つけた模様によって，飛ばしたときの模様の美しさや面白さに気づくことができるような声かけをするとよいでしょう。

（佐藤　貴子）

学級開き・授業開きであそぶ（絵で表す）

簡単できれいなカードをつくろう！
模様づくり

 時間 10分　 準備物
●ハートや星型にくりぬいた紙
●紙，パス，色鉛筆，ティッシュペーパー

ハートや星形にくりぬいた紙を使ってパスでステンシルをする。伝えたい思いに合わせて周りに絵を描きメッセージカードをつくる。

対象
低学年
中学年
高学年

1. 完成したメッセージカードを見せる

紙を2枚合わせます。型紙を上に重ね，型の周りをパスでぬり，真ん中に向けてティッシュや指でこすると，ほら，このようなきれいな模様が出てきます。まずはパスでステンシルをやってみましょう。

2. できた模様の周りに絵を描く

メッセージカードを渡したい相手と自分の思いに合わせて模様の周りに絵を描いてみましょう。

もう一度ステンシルをやってもいいですか！
ハートを組み合わせてみたいです。

メッセージの言葉も考えよう！

❶ 切り抜いた星形の周りをパスでぬりカードの好きな位置に置いてステンシルの要領でこする。

❷ 最後の仕上げに周りに色鉛筆等で飾りをつけたり，メッセージを書いたりしてもよい。

学級開き・授業開きであそぶ

＼ ポイント ／

色を型の周りにつけるときに，1色ではなく2色以上つけていくと内側にのばしたときに色が重なり，美しさが増します。

（佐藤　貴子）

内容別　短時間でパッとできる図工あそび　021

学級開き・授業開きであそぶ（工作）

白と黒で表そう！
白黒の世界

 時間　10分　 準備物　●白画用紙の切れ端，黒画用紙，はさみ，のり

白画用紙の切れ端をそのまま使ったり，ちぎったりして黒の画用紙に貼り，偶然できた形をいかして楽しんで遊ぶ。

対象
低学年
中学年
高学年

1. 黒の画用紙を配る

 この黒い画用紙に，白い画用紙をどんどん並べて，偶然できた形をいかして作品をつくりましょう。

2. 実際に画用紙を貼っていく

 では，画用紙を取っていって，どんどん並べ替えて貼っていきましょう。

 見てみて！　恐竜に見えるよ。

 この形は面白いな！

うまくいくコツ
はじめから何かをつくらせるより，様々な置き方を試させて，貼らせる。
本人が何に見えるかが大切。

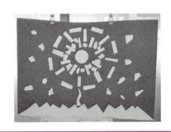

学級開き・授業開きであそぶ

\ ポイント /

実際に何かに見えなくても，その子の中で思いがあればOK。

貼り付けて立体のようになったり，黒画用紙の枠からはみ出したりしても大丈夫です。黒と白の画用紙にこだわらなくても，折り紙の切れ端や色画用紙の切れ端でも面白そうです。

はじめに八つ切りの白画用紙1枚を配って，「○枚に好きにちぎっていきましょう」から始めてもよいです。

細かくなりすぎないように枚数を指示するとよいでしょう。

題名を作品につけずに，友達同士で当てるというゲームもできます。

（松田　拓也）

学級開き・授業開きであそぶ（絵で表す）

1色で表そう！
空を描こう

時間 10分　　**準備物** ●白画用紙，絵の具

ねらい

絵の具1色だけを使い，水の量の違いだけで様々な濃さの色ができることを楽しむ。

対象：低学年／中学年／高学年

1. 説明をする

青色の絵の具だけをパレットに出してください。

この青色だけで違う色をつくるにはどうしたらいいですか？

水で薄める！

濃くぬる！

> **うまくいくコツ**
> 机間指導をしながら，工夫して表している子どもの表し方や作品を参考に取り上げるとよい。

2. 実際に画用紙に描いていく

色の濃さや筆の動かし方，筆の種類を工夫して空を描いていきましょう。

自分だけの空ができてきた！

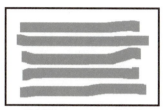
筆を横向き，一方向に動かす

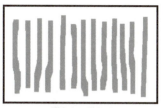
縦向きに動かす

グラデーションで描く

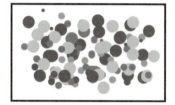
点々で描く

うねうねと波のように

ぐるぐると円を描くように

学級開き・授業開きであそぶ

＼ プラスα ／

　慣れてきたら，色を増やしたり，虹や雲などの描きたいものを加えたりしてもよいです。

　背景に校舎や風景などを印刷した画用紙を配布してもよいです。

　空以外にも，赤色で夕日，茶色で木，緑色で森など様々な色とテーマで挑戦できます。

　色の鮮やかさに着目した子どものつぶやきを拾いましょう。

（松田　拓也）

学級開き・授業開きであそぶ（絵で表す）

2色で表そう！
ミッション！より多くの色をつくろう

 時間 10分　 準備物 ●白画用紙，絵の具

ねらい
絵の具2色を使い，混ぜる分量，水の分量でより多くの色ができることを楽しむ。

対象
低学年
中学年
高学年

1. 説明をする

　青色と黄色の絵の具をパレットに出してください。

　この2色を混ぜると何色がつくれますか？

　緑！

2. 画用紙に描いていく

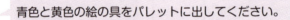　いろんな緑色をつくるにはどうしたらいいですか？

　どっちかの色を多めにする！

　水の量を変える！

うまくいくコツ
黄色に青色を少しずつ混ぜていくというように，薄い色に濃い色を少しずつ加えていくとよい。

026

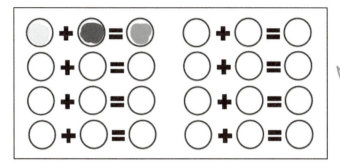

○がたくさんある画用紙で色のたし算をしてみましょう。

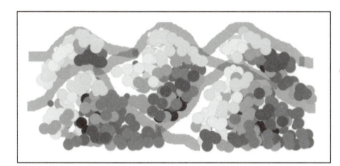

山の形がある画用紙につくった色をおいていきましょう。

> ＼ プラスα ／
>
> 　色のバリエーションだけではなく，色の濃さの変化にも着目させたいです。赤色と黄色，青色と赤色など，他の色の混色でも挑戦できます。慣れてきたら３色，４色と色数を増やすのもよいです。色の組合せや明るさ，鮮やかさに着目するような子どものつぶやきを拾いましょう。

（松田　拓也）

学級開き・授業開きであそぶ（工作）

紙コップで簡単にできる！
自己紹介サイコロ

時間　10分

準備物　●紙コップ，はさみ，鉛筆

ねらい

紙コップに成形を加えることで，簡易サイコロになることに興味をもちながら，聞きたい質問を書き，子ども同士のコミュニケーションを図る。

対象
低学年
中学年
高学年

1. 実際に試して見せる

紙コップの底を切り取り，丸くなっているところを半分，半分に折り，四角柱のような形にして（転がしてみる）…。

転がってサイコロみたい！

今日は，このサイコロをつくり各面に友達への質問を書きます。

何を書いてもいい？

自分に聞かれても言える質問にしましょう。

> **うまくいくコツ**
> 紙コップの側面のつなぎ目に沿って折った後，爪を立てて折り目をきれいにするとよい。

2. 2人組になって遊ぶ（席から立って自己紹介ゲームをして楽しもう）

2人組になって，交互にしたら別のお友達と遊びましょう。

028

❶ 紙コップの底を切り取る。

❷ 四角柱になるよう側面を折る。

質問例
好きな遊び／動物／食べ物／色
集めているもの
〇年生になって
　チャレンジしてみたいこと
　みんなと一緒にやってみたいこと
　苦手なこと／もの……

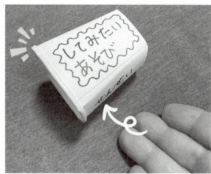

＼ プラスα ／

　転がしたコップが偶然立ったら，例えば，「あっち向いてホイ」などの簡単なゲームを間に入れると，場がより和みます。
　サイコロの１つの面に「先生からの質問」と記載します。先生はあらかじめ質問を数個板書しておき，その面に当たったら，板書された質問から好きなものを選べるようにすると，話題が広がります。
　切り取ったコップの底に自分の名前を書いておき，サイコロを転がす前に，名刺代わり使って自己紹介するのもよいですね。

（竹井　史）

学級開き・授業開きであそぶ（絵で表す）

どこを通るのかな？
ぐにゃぐにゃめいろ

 時間　10分　 準備物　●紙，パス

スタートからゴールまで思いのままに線をかきながら，友達のかいた線との重なりを楽しんで自由に迷路遊びをする。

対象
低学年
中学年
高学年

1. 4人グループに四つ切画用紙を1枚ずつ用意する

 画用紙の四隅に自分のスタートをつくりましょう。真ん中にゴールをつくりましょう。1人ずつパスを使って好きなところを通りながらゴールまで線をかきます。友達の線の上を通ってもいいです。

2. できた迷路の好きな道を通って遊ぶ

 順番にゴールまでの道をたどってみましょう。途中で友達の道と重なったら向きを変えていろいろ進んでもいいです。どんな道が新しくできますか？

 途中で友達の道に入ったら，恐竜みたいな形の迷路になったよ！

 一番長い迷路を発見することもできたよ！

> ＼ プラスα ／
>
> ぐにゃぐにゃした線が重なってできた形から何が見えてくるのか，想像をはたらかせながら遊びましょう。

（佐藤　貴子）

絵を描いてあそぶ（鑑賞）

見比べて味わおう！
富士山をかこう

 時間　5分　　 準備物　●ワークシート，鉛筆，カラーペン

葛飾北斎の木版画「富嶽三十六景　神奈川沖浪裏」に富士山を描き込むことで，構図の面白さやすばらしさを味わう。

対象　低学年　中学年　高学年

1. 富士山を消した「神奈川沖浪裏」に富士山を描き込む

葛飾北斎は木版画で様々な場所から見た富士山を描いています。ワークシートの絵は「富嶽三十六景　神奈川沖浪裏」です。実は，この絵は，富士山が消されています。北斎は，どこに，どのような大きさで富士山を描いたのかを想像して富士山を描き込みます。自分はなぜそのように描き込んだか発表できるようにしましょう。

2. ワークシートをグループで見せ合い考えを発表する

富士山の大きさや位置が，みんなそれぞれ。全然違うね。
富士山を大きく描くと近くに，小さく描くと遠くに見える。

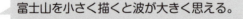
富士山を小さく描くと波が大きく思える。

本物の絵を配ります。自分の描いたものと比べて見ましょう。

①富士山をえがきこもう

②上のようにえがいた理由を書こう

③感想を書こう

＼ ポイント ／

　本物を見せる見せないの選択や見せるならどのタイミングにするのかは，子どもの発言や記述を見て，実態に合わせて変えていくようにしましょう。

（河口　貴子）

絵を描いてあそぶ（絵で表す）

楽しく描こう！
お絵かきしりとり

 時間　10分　　 準備物　●紙，鉛筆

ねらい

グループでしりとりあそびをするときに，言葉で伝えるのではなく絵で伝えるようにして，絵で表す面白さを楽しむ。

対象
低学年
中学年
高学年

1. お絵かきしりとりのルールを説明する

いつもしりとりをするときは，リンゴ→ゴリラのように最後の言葉から次の言葉へとつないでいきますね。今日は，その言葉を絵で表して次の人に何の絵か想像してもらいしりとりをするというルールです。

2. 4〜5人のグループになってしりとりをする

最初の人はしりとりの「し」から始まるものを考えて，絵で描きましょう。描いたら次の人も続けていきましょう。

何が描いてあるのだろう？

わかった！　「しいたけ」だから次は「け」だね。

絵を描いてあそぶ

\ ポイント /

のびのびと楽しんで描くことが大切なので，本物そっくりではなく簡素化された絵でもよいでしょう。

（佐藤　貴子）

絵を描いてあそぶ（絵で表す）

思いついたままに描こう！
○から何が？

時間　10分

準備物　●様々な大きさの○を描いた紙，鉛筆

様々な大きさの○を見て，思い浮かんだものになるように○に絵を描き加えて発想を広げるようにする。

対象
低学年
中学年
高学年

1. 様々な大きさの○を描いた紙を配布する

みなさん，この○から何が発想できるでしょう？　先生はこのように付け足して太陽を描いてみました。

2. ○に付け足しをして，思いついたものをどんどん描く

さあ，どの○でもいいので，思いついたものをどんどん描いていきましょう。周りに描き加えてもいいですよ。

目と鼻，口を描いて人にしてみました。

周りに花びらを描いてお花にしました。

＼ プラスα ／
丸形だけではなく，四角形や三角形から見立てを行っていくとよいでしょう。発想の面白さを認めるようにしましょう。

（佐藤　貴子）

絵を描いてあそぶ（絵で表す）

想像力を発揮させよう！
つづきの世界

 時間 10分　 準備物　●アートカード（または作品の写し）
●紙，色鉛筆，のり

ねらい
絵の雰囲気を味わい，絵の枠外の様子がどうなっているかを想像しながら，つづきの様子を自由に描く。

対象：低学年／中学年／高学年

1. アートカード（または作品の写し）を鑑賞する

 アートカードの絵の様子をよく鑑賞しましょう。何が見えますか。どんな様子でしょうか。

2. つづきの様子を描く

 絵の枠の外側の様子は，いったいどうなっているでしょう。つづきを自分で想像して描いてみましょう。

アートカードと紙をどう貼ればいいの？

 表したいところがたくさん描けるように，アートカードを紙のどこに貼るとよいか考えてくださいね。

うまくいくコツ
絵に描かれている場所や物をヒントに，つづきを想像して描く。

紙（表）　アートカード（例　村井正誠「人」）
　　　　アートカードが人に見えたので親子にしたよ

紙（裏）

アートカードをかんしょうしよう

① 何がある？
② どんな様子？
③ わく以外には何がありそう？

※アートカードをどこにはると　つづきが
　かきやすいか　考えてはろう！

＼ プラスα ／

アートカードが用意できるのならば，作品の一部分を隠したものを拡大コピーして，隠したところを想像して描くこともできます。

（加藤　俊行）

絵を描いてあそぶ（絵で表す）

柔軟な発想力を育もう！
かたちたんてい

 時間 15分　 準備物　●形が描かれた用紙，色鉛筆

ねらい
用紙に描かれた形の特徴から，思い浮かぶものを自由に想像して描き，「見つけたもの」を友達と紹介し合って楽しむ。

対象
低学年／中学年／高学年

1.「かたちたんてい」になって形から見立てる

「これからあなたたちは，形から隠れているものを見つけ出す「かたちたんてい」です。手始めにこの形に注目！　この形に何か描き足してみたら…何かに見えてきませんか？見つけたものは何ですか？」

うまくいくコツ
大きな紙に簡単な形を描いて例示するとよい。回転させ，いろんな向きから見ると見つけやすいことを理解させる。見立てたものを発表し合い，その楽しさや仕方をつかませる。

「配った紙の形から「見つけたもの」を色鉛筆で描きましょう。できたら，「見つけたもの」と裏に自分の名前を書きましょう。」

2.「かたちたんていパーティ」で紹介し合う

「「かたちたんてい」のみなさんが見つけた形を紹介し合いましょう。」

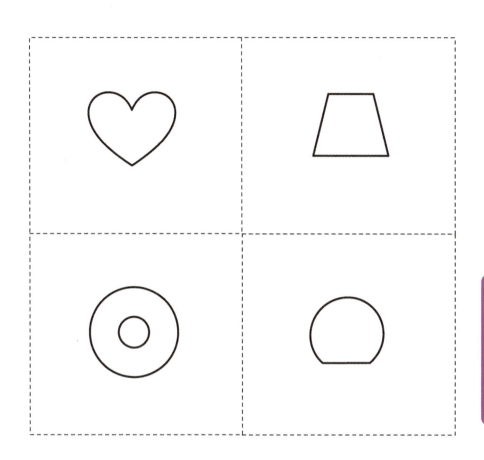

＼ ポイント ／

　それぞれの見立てた形を共有することで、造形的な見方・考え方が広がり、見立てる力が高まります。今回「パーティ」と名付けましたが、積極的に鑑賞し合うように促しましょう。

　みんなの「見つけたもの」を掲示し、休み時間などに自由に鑑賞させてもよいですね。

　先生や子どもたちで、課題の形をみんなで考えてもいいですね。

（安田　拓之）

絵を描いてあそぶ（絵で表す）

夢の魚を描き窓に飾って楽しもう！
夢の水族館

時間　15分

準備物
- 色紙，色鉛筆やカラーペン，筆，はさみ
- 液状のりを混ぜた水

ねらい

自由な形や色で描いた魚（海の仲間）を窓に接着して水族館をつくり，学級で紹介し合って楽しむ。

対象
低学年
中学年
高学年

1. 先生の実演を見て，意欲を高める

これは，色紙に描いた「魚（海の仲間）」です。裏側に液状のりを混ぜた水をぬり，窓の好きな場所に貼り付けちゃいます。
ここに「魚（海の仲間）」増やしていったら，窓がまるで「夢の水族館」みたいになりますよ。みんなでやってみましょう。

2.「魚（海の仲間）」をつくる

好きな色紙を選んで，自由な形と色でつくってみましょう。

うまくいくコツ
ヒレやエラなど基本的な魚の特徴は，図示するか，調べるかしてつかませるとよい。
自由な形とともに，色鉛筆や色ペンで模様の工夫も促すとよい。

3. 「魚（海の仲間）」を，窓に貼って楽しむ

できた人は，窓に貼りに来てくださいね。仲間の「魚」とどんなことをしてみたいか考えて貼ってみると面白そうですね。お話を考えながら貼り方を工夫してみましょう。

私は，友達のお魚と模様を褒め合っているところにするね。

ぼくの「魚」は仲間と鬼ごっこをしているように貼ろう。

> **うまくいくコツ**
> 貼っていいのは，液状のりが乾いてペリッとはがせる「窓のみ」というルールで取り組ませる。
> 貼る場所をしっかりと決めてから，のりづけをさせる。

水を適量まぜる
液状のり適量 500円玉くらい
筆で混ぜて，さらっと滑らかで塗りやすい感じになっていればOK

❶ 裏に「液状のりを混ぜた水」をぬる。
❷ 窓の決めた場所に貼る。
❸ 完成。乾くと，ペリッとはがせる。

＼ ポイント ／

　窓という「水槽」の中で，子どもたちが自由に発想し，ストーリーをつくり，貼っていけば，楽しい活動に広がります。積極的に鑑賞し合うように促しましょう。
　水に溶いた液状のり（アラビックのり）で貼った魚は，ペリッと簡単にはがせます。木工用接着剤などははがしにくくなることがあります。

（安田　拓之）

内容別　短時間でパッとできる図工あそび　043

絵を描いてあそぶ（絵で表す）

違いにびっくり大笑いしよう！
へんてこ絵描き歌

 時間 5分　 準備物 ●紙，鉛筆

ねらい
想像力をはたらかせながら絵描き歌を楽しみ，できあがった絵の違いから見方や感じ方の違いを味わう。

対象
低学年
中学年
高学年

1. 先生の歌に合わせて絵を描き，できあがりの違いを楽しむ

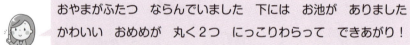

（歌1♪アルプス一万尺の節で）
おやまがふたつ　ならんでいました　下には　お池が　ありました
かわいい　おめめが　丸く2つ　にっこりわらって　できあがり！

 ウサギができたよ！

 ぼくはネコだよ。同じ歌なのに違うものができて面白いね！

（歌2♪むすんでひらいての節で）
丸が1つ　四角が1つ　目玉を2つ　つけましょう
雲がもくもく　三角2つ　棒4本で　できあがり

うまくいくコツ
想像上の生き物や多少の変形も認め，答えのない面白さを味わえるとよい。

歌1のできあがり例

歌2のできあがり例

> ＼ プラスα ／
> 慣れてきたら，簡単な絵描き歌を自分でつくり，あてっこし合うとさらに盛り上がります。

（鈴木　さやか）

絵を描いてあそぶ（鑑賞）

想像して楽しもう！
飛び出したムンク

時間 15分

準備物
●画用紙，トレーシングペーパー，カーボン紙
●色鉛筆

ねらい
ムンクの「叫び」のよさや特徴を感じ取り，中心の人物を転写し表情やしぐさを自分なりに想像して，パロディタッチの絵を描いて遊ぶ。

対象 低学年 中学年 高学年

1. ムンクの「叫び」を鑑賞させる

　ムンクは，表情やしぐさから，何を描こうとしたのでしょうね。自分なりに想像してみましょう。

2. 中心の人物を写し取った後，周りの様子を絵に描く

　絵の好きな部分を写し取りましょう。人物の表情やしぐさをヒントに，自分なりに想像して楽しい絵を描いて遊びましょう。

うまくいくコツ
絵に描かれた表情やしぐさから状況を想像して，周りの様子を描き足していく。

「テストで0点で，ガーン！」

「宇宙人が現る！」

うまくいくコツ
カーボン紙を使うと，繰り返し転写ができる。人物や描かれているものを複数登場させることもできる。

「叫び」（ムンク）

❶ ムンクの「叫び」の絵の好きな部分を
トレーシングペーパーで写し取る。

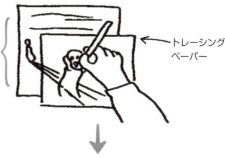

トレーシングペーパー

❷ 画用紙にカーボン紙で写す。

トレーシングペーパー
カーボン紙
画用紙

> **うまくいくコツ**
> 作品から受ける感じや作者の思いについて感じ取らせる。
> 作品から受けた各自のイメージを基にして，自分なりに作品全体の印象や表現の特徴を大切にしながら，アレンジした絵を構想させる。
> 基となった絵の形や色，筆のタッチなど，残す部分とアレンジする部分を考えさせる。

絵を描いてあそぶ

＼ ポイント ／

自分なりのアレンジを，題名に生かすとよいです。作品づくりを楽しんだ後，改めて「叫び」を鑑賞すると，ムンクの気持ちに寄り添えます。

（厚東　実）

絵を描いてあそぶ（鑑賞）

作者の思いに寄り添って描こう！
想像してミロ！

 時間　10分　　 準備物　●紙，カラーペン

 ねらい

ソルフの「リュート弾き」をオマージュしたミロの「オランダの室内Ⅰ」にはどんな「犬」が描かれているのか，想像を楽しんで描く。

対象
低学年
中学年
高学年

1. 2つの絵を見比べながら鑑賞させる

おじさんはお餅みたいに。女の人は宇宙人?!　空は黄色に。額縁の中からコウモリも飛び出してきましたよ。形や色など，2つの絵を見比べてミロはどんなふうに変身させているのか想像して楽しみましょう。

2. 想像を楽しみながら犬を描く

左下の「犬」は，ミロはどんなふうに変身させていますか？　見比べて気づいたことを参考にしながら想像して絵に描いて遊びましょう。

きっと，モンスターに大変身させているよ。

色もカラフルなんじゃないかな？

うまくいくコツ
描かれている物の形や色の変化に着目して見比べよう。

＼ ポイント ／

互いの想像のよさや面白さを十分に味わった後，最後にミロの描いた犬を見せ，ミロの思いに寄り添うようにしましょう。

(厚東 実)

動かしてあそぶ（工作）

動きから想像しよう！
コトコトとことこ

| 時間 | 15分 | 準備物 | ●紙コップ，油ねん土，輪ゴム，クリップ
●セロハンテープ，はさみ，色画用紙 |

ねらい
コトコト動く仕組みをつくり，動きに合ったものをつくって遊ぶ。

対象
低学年
中学年
高学年

1. コトコト動く紙コップを見せる

（紙コップの中を見せながら）このように動く仕組みはつくられています。クリップに2つの輪ゴムをかけ，クリップの部分に一握りの油ねん土を付けます。輪ゴムを紙コップにセロハンテープで固定します。そのとき，輪ゴムがゆるまないようにするとよいです。

動きを試してみます。輪ゴムをねじって机に置くとコトコト動きます。

紙コップが歩いているみたい。

1人ずつ微妙に動きが違うね。

この動きから思いついたものになるように，色画用紙で飾りをつけます。

050

2. できたもので遊ぶ

 友達同士つくったものを交換して，遊んでみましょう。

 面白いと思ったことを互いに伝えましょう。

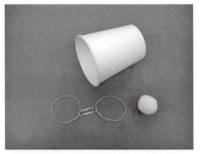

❶ 輪ゴムをクリップにかける。

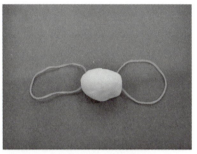

❷ クリップに油粘土をつける。

❸ 輪ゴムを紙コップに固定する。

❹ 色画用紙などで飾りをつける。
題：とことこ散歩

\ プラスα /

動きから思いついた子どもの発想を大切にして，思いついたものをつくってみるように声をかけましょう。図鑑やイラストなどがあると子どもが考えやすくなります。

（河口　貴子）

動かしてあそぶ（工作）

折り方や切り方を工夫し面白い落下の動きを楽しもう！
おもしろパラシュート

時間　10分

準備物　●折り紙，クリップ，はさみ

ねらい

折り紙の折り方や切り方を工夫してパラシュートをつくり，落下する動きを楽しみながら遊ぶ。

対象
低学年
中学年
高学年

1.折り紙を折ったり，切ったりしてパラシュートをつくる

折り紙の折り方や切り方で，面白く落下する動きをつくりましょう。

2.面白く落下するパラシュートを使ってゲームを楽しむ

面白く落下するパラシュートを使った遊びを考えましょう。

落下する場所に的をつくって，的あてゲームをしよう。

落下する時間を計って，競争しよう。

> **うまくいくコツ**
> 丁寧に折ったり切ったりする。

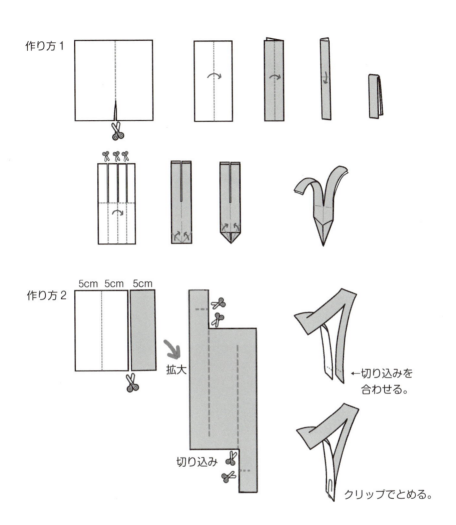

> ＼ ポイント ／
> 折り紙の折り方や切り方を工夫してできた色紙が，面白く落下する様子を楽しみながら遊びましょう。

（塚本　雅子）

内容別　短時間でパッとできる図工あそび

動かしてあそぶ（工作）

切ったり曲げたりした紙帯を落とし動きに注目しよう！
くるくる・ひらひら研究所

 時間 10分　 準備物　●色紙，クリップ，のり

ねらい
紙帯を切ったり曲げたりして加工し，くるくる・ひらひら楽しい動きをしながら落ちるおもちゃをつくる。

対象：低学年／中学年／高学年

1. 先生の実演を見て，意欲を高める

 みなさん，この紙の帯を…こう切って…こんな風に仕上げます。これを高いところから落とすと…。

 （歓声があがる）やってみたい！

 つくり方をいくつか紹介しますね。

うまくいくコツ
安全に配慮して，高いところから落とす場所をつくってもよい。

2.「くるひら」をつくってどんどん遊ぶ

くるひら1号のつくり方

❶ 色紙を幅2cm程度に切り，紙帯をつくる。
❷ 人差し指と親指で紙帯をつまんでしごくと紙帯の端が丸まる。向きを変えて，S字になるようにする。

❸ 2つの端を紙帯の中央に重ねてのりづけして完成。

くるひら2号のつくり方

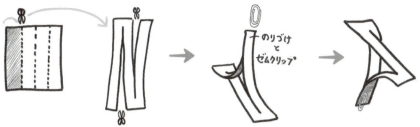

① 色紙を4分の1切って,使う。
② 紙帯の端を3分の1くらいに切り,「N」字にする。
③ 「N」の端を重ねてのりづけし,ゼムクリップでとめる。
④ 完成。ゼムクリップがおもりになり,くるくる落下する。

くるひら3号のつくり方

① 色紙を幅2cm程度に切り,紙帯をつくる。

②

③ 完成。ゼムクリップがおもりになり,くるくる落下する。

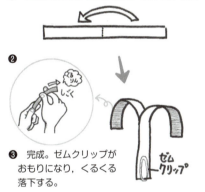

くるひら4号のつくり方

① 色紙を幅2cm程度に切り,紙帯をつくる。

② 紙帯の端を角が出ないように斜めに折り,ゼムクリップでとめる。

③ 完成。クリップがおもりになり,ひらひら落下する。

＼ ポイント ／

見本を4つ提示して,選んでつくって楽しむ展開にすれば,子どもたちは楽しんで取り組むでしょう。また,見本を基に,切る・曲げる・折る技能を駆使して,くるくる・ひらひら楽しく落ちるように積極的に試すようにさせる展開にしても楽しい活動になっていくでしょう。

（安田　拓之）

動かしてあそぶ（工作）

くるくる回して遊ぼう！
立体迷路

🕐 時間　15分　　📝 準備物　●空き箱，紙，カラーペン，両面テープ

ねらい
空き箱の4つの側面を利用して，スタートとゴールの位置を工夫して考え，くるくると回しながら迷路をつくって遊ぶ。

対象
低学年
中学年
高学年

1. 試作品を見せる

この迷路は，スタートがここにありますが，ゴールが見当たりません。どこにあるのでしょうか。

こっちの面にゴールを見つけたよ！

空き箱をくるくる回しながら，スタートからゴールを目指す，立体迷路をつくってみましょう。

うまくいくコツ
最初にスタートとゴールをつなげてから，迷路を足していくとよい。

2. くるくる回しながらつくる

空き箱を紙で巻いて，両面テープで貼り付けましょう。スタートとゴールの位置（面）を決めたら，くるくる回しながら迷路を完成させましょう。

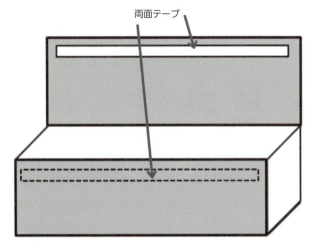

❶ 巻く紙の両端に両面テープを貼り,箱の周りに巻いて貼る。

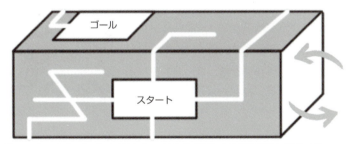

❷ スタートとゴールを決めて,くるくる回しながら迷路を完成する。

＼ プラスα ／

箱によっては,紙を巻かなくても路がかけたり,箱を展開して裏返しにしたものを使ったりして,迷路をかく時間を長くとる工夫ができます。

（加藤　俊行）

動かしてあそぶ（工作）

輪ゴムでふんわり紙コップを面白く飛ばそう！
くるくるフライングコップ

時間 15分

準備物
- 紙コップ2つ，輪ゴム4つ，セロハンテープ
- カラーペン

ねらい

2つの紙コップを丁寧につけ，つなげた輪ゴムを巻いて飛ばすおもちゃをつくり，そのふんわりと面白く飛ぶ様子を楽しむ。

対象
低学年
中学年
高学年

1. 先生の実演を見て，意欲を高める

これは空飛ぶ紙コップ「くるくるフライングコップ」です。長く結んだ輪ゴムの端をしっかりと持って…みなさん，飛び方に注目。飛ばします！

面白い！ やってみたい！

2. くるくるフライングコップをつくる

まず，紙コップの底と底と合わせてテープで接着します。次に，輪ゴムの輪を通して出てきた輪の先に，もう片方の輪ゴムの先を通して引っ張ると結べます。4つの輪ゴムをつなげます。（右図）

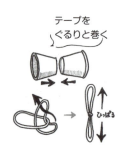
テープをぐるりと巻く
ひっぱる

058

カラーペンで模様を描くと，回って飛ぶときに面白いですよ。

3. くるくるフライングコップを飛ばして遊ぶ

できたら，この線から外側に向かって飛ばして遊んでみましょう。まっすぐくるくる飛ばすには，どうしたらいいでしょう？

肘をまっすぐ伸ばして，狙う方にむけると飛ぶんだね。

> **うまくいくコツ**
> くるくるフライングコップは，ふんわりとしか飛ばないので，向き合って，飛ばす側，キャッチする側に分かれて遊んでもよい。

人差し指と親指でゴムをしっかり持つといいと思うよ。

くるくるフライングコップの飛ばし方

❶ 持ち手の親指で，コップ中央の輪ゴムの端をしっかりと押さえる。

❸ 輪ゴムを巻けたら，つまんだ輪ゴムの先を狙った方に伸ばして，手を放す。

❷ 輪ゴムを伸ばしながら，コップの真ん中を下から巻き付ける。巻く方の手の親指と人差し指で，ゴムの先端をつまんで持つ。

＼ プラスα ／

　ふんわり飛ぶ様子は，自分で見ても楽しいし，誰かに見せたくなります。

　ゴムの扱いだけ気をつけさせて，のびのびと安全に遊ぶようにさせてください。

（安田　拓之）

動かしてあそぶ（工作）

工夫してつくった迷路でタイムを競おう！
ストロー迷路

時間 15分

準備物
●薄い平たい箱，木工用ボンド（テープのり），カラーペンや鉛筆
●ストロー，はさみ，ビー玉，厚紙，セロハンテープ

ねらい
ストローの長さやつけ方を工夫してつくった迷路を友達と互いに試し，面白さや難しさを味わって遊ぶ。

対象：低学年／中学年／高学年

1. 実際にやって見せる

今日はストロー迷路をつくります。

つくってみたいな。

厚紙にスタートとゴールと書き，決めたところに貼ります。ペンや鉛筆で迷路の下書きをし，ストローを線の長さに切ります。下書きの線の上にボンドをのせその上にストローをのせ，迷路をつくります。ボンドが乾くまでは，セロハンテープで仮留めをします。

転がすものも，ビー玉，どんぐりだけではなく，その他の転がるものを変えて遊ぶこともできますね。

2. 友達と迷路を交換して遊ぶ（タイムを計って競争）

3. 感想を伝え合う

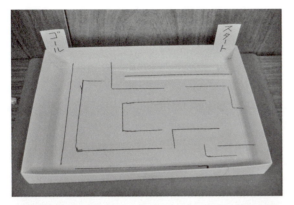

ペンや鉛筆で，迷路の下書きをする。玉の通る道の幅を考え，あまり複雑にならないようにする。

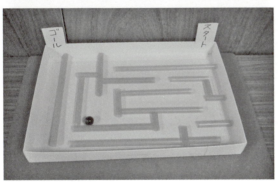

ストローを線の長さに合わせて切る。ボンドを線の上にのせ，ストローを貼り付ける。完成したら，ボンドが乾くまで置いておく。

動かしてあそぶ

＼ プラスα ／

　テープのりが各自で用意できる場合は，テープのりでも，十分にストローの接着ができます。その場合は乾かす時間がなくなるので，すぐに遊ぶことができます。

　また，太さの違うストローを用意すると，転がしやすい簡単な所と難しい部分とができ，工夫が広がります。

（河口　貴子）

動かしてあそぶ（工作）

くるくるアニメ
息を吹きかけて絵を動かそう！

 時間 15分
 準備物
- 画用紙, トレーシングペーパー, カーボン紙
- 色鉛筆, トイレットペーパーの芯, セロハンテープ

息を吹きかけて、くるくる回る残像現象によるアニメーションをつくって遊ぶ。

対象: 低学年 / 中学年 / 高学年

1. 試作品を見せてアニメーションの仕組みを理解させる

トイレットペーパーの芯に画用紙を貼り、鉛筆に通して息を吹きかけてくるくる回すと絵が動いて見えます。何をどんなふうに動かせると楽しいか考えて、楽しいアニメーションをつくりましょう。

2. 画用紙に3コマの絵を描きトイレットペーパーの芯に貼る

3. 息を吹きかけて回し、動く絵を楽しむ

動かせない部分はどこか、動かせたいものは3コマでどんな動きをさせたいのか考え、大まかにできたら芯に通して試しながらつくりましょう。

壺からヘビがにょろにょろと出てきたよ。

うまくいくコツ
先生がつくった試作品を提示し、アニメーションの仕組みを理解させる。

つぼみから花が咲いたよ！

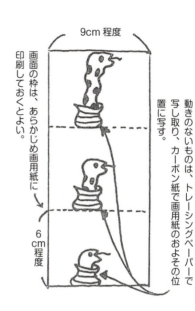

9cm程度

6cm程度

動きのないものは、トレーシングペーパーで写し取り、カーボン紙で画用紙のおよその位置に写す。

画面の枠は、あらかじめ画用紙に印刷しておくとよい。

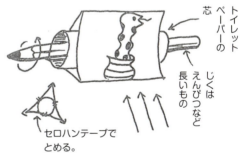

トイレットペーパーの芯

じくはえんぴつなど長いもの

セロハンテープでとめる。

\ ポイント /

途中で，セロハンテープで仮留めをして，軸を通して動かし，スムーズな絵の動きを確かめながら取り組ませるとよいでしょう。

（厚東　実）

動かしてあそぶ（工作）

何を滑らせて競争しよう！
何でもスキーヤー

 時間　10分　 準備物　●画用紙，はさみ，鉛筆

楽しく滑るように飾り付けをし，滑る動きを楽しんだり友達と競争したりして遊ぶ。

対象：低学年／中学年／高学年

1. 実際に試して見せる

 画用紙に切り込みを入れて折ると，安定して立たせることができます。後ろから息を吹きかけると…まるでスキーをしているように見えますね。

2. つくって友達と遊ぶ

 何が滑ると楽しいでしょうか。絵を描いてみましょう。

 私は大好きなウサギにしよう！

 できたら息を吹きかけて滑らせてみましょう。友達と競争しても楽しいですよ。

> **うまくいくコツ**
> 体部分の縦が長すぎるとうまく滑らない。体部分の長さは8cmより短いほうがよい。

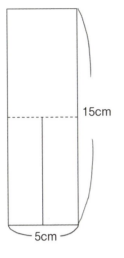

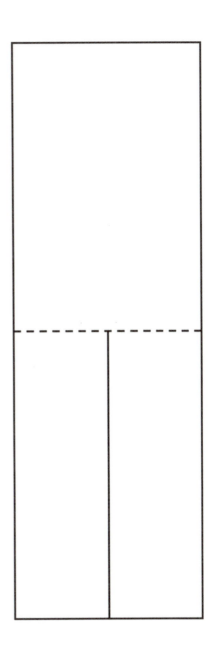

息を吹きかけて滑らせてみよう。

> ＼ プラスα ／
> 体部分と板部分の大きさを変えたりするなど，より速く滑る方法を考えさせてもいいですね。

動かしてあそぶ

（大須賀　章人）

動かしてあそぶ（工作）

壁に沿ってゴールを目指そう！
落ちるな！忍者迷路

 時間 15分　 準備物
- 段ボール，段ボールカッター，木工用接着剤
- ビー玉

ねらい
段ボールカッターの扱い方や段ボールの接着の仕方に慣れるとともに，コースの形の面白さを味わいながら遊ぶ。

対象：低学年／中学年／高学年

1. 実際に試して見せる

 重ねて貼った段ボールの形に沿わせてビー玉を転がしてみましょう。どんな形に切ると面白いコースになるかな。コースが楽しくなる仕掛けを入れてもいいですね。

2. つくった迷路で友達と遊ぶ

 友達とお互いにつくった迷路で遊んでみましょう。

 形がぐにゃぐにゃしていて難しいな！

 途中でお宝を取っていくアイデアがいいね！

 落とし穴がある！　面白いな！

うまくいくコツ
木工用接着剤が多いと乾くのに時間がかかり，接着しにくい。
木工用接着剤のノズルを段ボールにくっつけて出すと，薄く伸ばされ，接着しやすくなる。

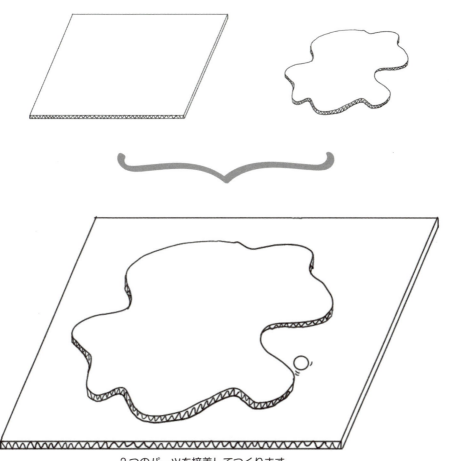

2つのパーツを接着してつくります

動かしてあそぶ

\ ポイント /

「忍者」にこだわらず,「ジャングル探検隊」など子どもたちが自分で
テーマを決めても,コースの形や仕組みに工夫が出て面白くなります。

(大須賀 章人)

動かしてあそぶ（工作）

紙1枚で仕掛け絵をつくろう！
変わる？絵

 時間 10分　 準備物　●紙，はさみ，鉛筆

ねらい
めくると絵柄が変わる仕掛けを生かして絵を描くことを楽しみながら，友達と見せ合って遊ぶ。

対象
低学年
中学年
高学年

1. 先生の試作を見せる

 1匹の犬がいます，とてもかわいい犬ですが，実はある秘密があってね。夜になると…（上側をめくる）人面犬になるのです！

2. 仕組みを生かして絵を描く

 めくると絵が変わる仕組みを生かして絵を描いてみましょう。

 僕は，服を変えてヒーローに変身させよう！

 お話をつくっても面白いですよ。

私は，赤ずきんの場面を表そうかな。おばあさんのふりをしているオオカミと，赤ずきんを食べようとするオオカミにしよう。

うまくいくコツ
4パターンの組み合せの絵ができるが，すべての組み合せに整合性をもたせようとすると難しい。気軽に楽しむことを目標にするとよい。

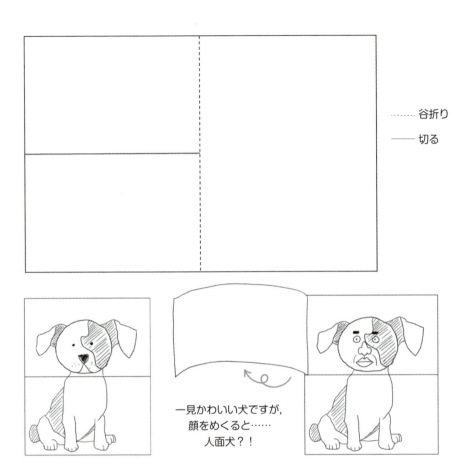

＼ プラスα ／
切り込みを３つにして組み合せのパターンを増やしたり切れ込みを入れずに２つ折りにして，表にかばん，内側にかばんの中身を描いたりするなど，切り方，折り方の工夫で，様々な応用ができます。

（大須賀　章人）

動かしてあそぶ（絵で表す）

折り紙1枚で盛り上げよう！
のばして変わる！どう変わる？

時間 10分　**準備物** ●折り紙，鉛筆，色鉛筆

ねらい
折り紙を折って縮めたり，開いて伸ばしたりして絵を描き，絵の一部が隠れたり現れたりする変化を楽しむ。

対象

低学年
中学年
高学年

1. 仕組みを理解する

> 折り紙をこのように折ると，折って縮めたり開いて伸ばしたりすることができます。上下に動かしたり，左右に動かしたりすると何に見えますか？

> 上下に動かすと口みたい！

> 左右に動かすと手を広げたみたい！

> 左右に動かすとシャクトリムシにも見えるね！

うまくいくコツ
折って縮めたり開いて伸ばしたりすることを繰り返しながら描くようにする。

2. 紙の開き方を生かして絵を描く

> 紙の開き方を生かして絵を描いて，変化を楽しみましょう！

070

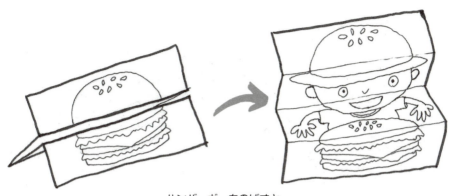

ハンバーガーをのばすと…

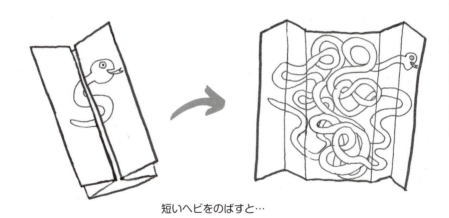

短いヘビをのばすと…

動かしてあそぶ

＼ プラスα ／

紙を折る向きや幅，数を変えて，いろいろな折り方や開き方を試しながら，変化する絵を楽しく考えましょう。

（大島　聖矢）

内容別　短時間でパッとできる図工あそび

動かしてあそぶ（工作）

水の上に浮かせてモーターで動かそう！
自分色の船，出港！

 時間 10分　 準備物
- モーター，プロペラ，電池，接着剤，発泡トレイ
- 空き容器，色画用紙

ねらい

4年生理科の学習とつなげて，モーターとプロペラを発泡トレイの上に設置し，水の上に浮かせて動かせる自分だけの船をつくる。

対象
低学年
中学年
高学年

1. 船の仕組みをつくる

発泡スチロールトレイの上にカップをくっつけて，その上にモーターとプロペラをくっつけて，回路でつなぎましょう。つないだら水の上に浮かせて進ませてみましょう！

わーい！　ちゃんと進んだ！

一緒に進ませてみよう！

うまくいくコツ
理科の学習で使ったキットを使うとつくりやすい。電池と導線の接触部分は熱くなるので注意。

2. 自分らしい船になるように飾る

色画用紙や身近な材料などで飾りをつけて，自分だけの船にしましょう！

私はボタンや綿をつけてかわいい船にしたいな！

好きな色は？	どんな形が好き？
好きな食べ物は？	好きなことは？
将来の夢は？	どんな感じの船にしたい？

動かしてあそぶ

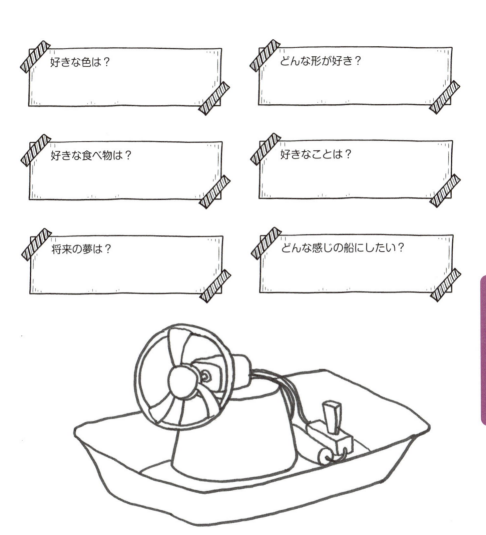

＼ プラスα ／
帆をつけるとうちわであおいで進ませることもできます。どんな感じの船にしたいか考えて，材料を組み合わせて形や色を工夫しましょう。

(大島　聖矢)

内容別　短時間でパッとできる図工あそび

音を出してあそぶ（工作）

紙コップと輪ゴムで鳴らす面白楽器をつくろう！
ミミンバ

 時間 10分　 準備物　●紙コップ，はさみ，輪ゴム，水性ペン

ねらい

輪ゴムをはじくことで変わる音の違いを感じ，輪ゴムの張り方を工夫して音を変えて楽しんで遊ぶ。

対象　低学年／中学年／高学年

1. 実際に試して見せる

　この楽器は耳にあてて自分だけが楽しめるミミンバです。
（耳に当てながら満足げに楽器を鳴らす）

　えーっ，どんな音がするの？　聞きたい！

　じゃ，Aさんに聞いてもらいましょう。コップの底の弦（輪ゴム）を指で優しくはじいてみてください。

　ほんとだー，指のはじき方で音が変わるよ。

> **うまくいくコツ**
> 紙コップの底の切れ目は真ん中まで入れて輪ゴムを浮かす。

　弦（輪ゴム）の張り方でも音が変わります。自分の好きな音をつくってみんなで聞き合ってみましょう！

　輪ゴムの張り方で音が変わるよ！

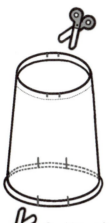

❶ 紙コップの四隅に切れ目を入れる。

❷ 輪ゴムをかけてコップのふちを耳にあて音を鳴らしてみよう。

❸ 好きな模様を入れる。

❹ オリジナルのミミンバが完成！

音を出してあそぶ

＼ プラスα ／

紙コップの側面に水性ペンで好きな絵や模様を描いてみましょう。

輪ゴムを3本かけてドレミの音階に挑戦しましょう。

（竹井　史）

内容別　短時間でパッとできる図工あそび

音を出してあそぶ（工作）

牛乳パックとキャップでカスタネットをつくろう！
牛乳パックカスタネット

時間 10分

準備物
- 牛乳パック，ペットボトルキャップ
- セロハンテープ

ねらい
牛乳パックを切り開いた一部に，ペットボトルキャップを取り付けて楽器をつくり，音楽に合わせてリズム打ちを楽しんで遊ぶ。

対象
低学年
中学年
高学年

1. 牛乳パックを切る

内側にペットボトルキャップを取り付けます。

2. 片手もしくは両手で牛乳パックカスタネットを叩く

音楽に合わせて，牛乳パックカスタネットでリズム打ちをしましょう。

うまくいくコツ
両手で演奏するときは2つつくる。

叩く強さで音の大きさが変わるよ。

リズムに合わせて叩くと，音楽に合うね。

うまくいくコツ
ペットボトルキャップは，向かい合わせて取り付けるようにする。

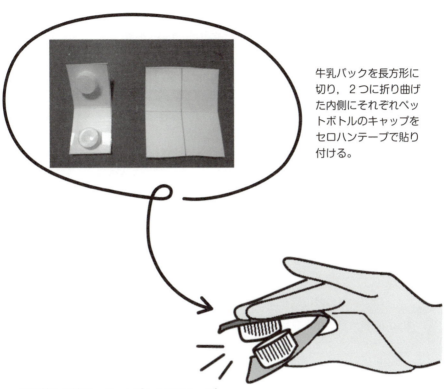

牛乳パックを長方形に切り，2つに折り曲げた内側にそれぞれペットボトルのキャップをセロハンテープで貼り付ける。

指で挟んで持ち，ペットボトルのキャップを打ち合わせると，カスタネットのようにリズム打ちができる。

音を出してあそぶ

＼ ポイント ／

力の入れ具合いで変わる音の大きさを生かして，リズム打ちをしましょう。

（塚本　雅子）

音を出してあそぶ（工作）

何の鳴き声か想像しよう！
アニマル紙コップ

 時間 10分　 準備物　●紙コップ，クリップ，たこ糸，つまようじ，はさみ
●ウェットティッシュ，色画用紙など

音が鳴る仕組みから想像を広げて，動物のおもちゃをつくる。

対象
低学年
中学年
高学年

1. 音が鳴る仕組みをつくり，想像を広げる

 紙コップの底に穴を開けて，曲がるストローを差し込み，ギザギザの部分を出し入れしてみましょう。

 カエルの鳴き声がする！

 次は紙コップの底に小さな穴を開け，たこ糸を通してクリップで留めます。たこ糸をウェットティッシュでこすってみましょう。

 怪獣の鳴き声みたいな音がする！ニワトリにも聞こえるよ。

うまくいくコツ
ウェットティッシュで糸をしっかりと挟み，勢いよく滑らせる。

2. 想像した動物に合わせて，紙コップに飾りをつける

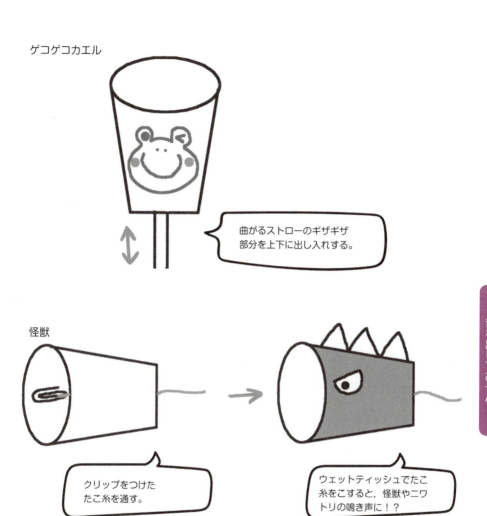

音を出してあそぶ

＼ プラスα ／
紙コップを段ボールに変えたり，たこ糸を毛糸やPEテープなどに変えたりすると，鳴き声も様々に変化します。

（鈴木　さやか）

内容別　短時間でパッとできる図工あそび

音を出してあそぶ（工作）

身近な物を使った音で遊ぼう！
何を，どうした音でしょう

時間 10分

準備物
●音が出そうな材料
●ついたて（板やダンボール板など）

ねらい
様々な材料の感触を味わいながら，いろいろな音の出し方を考えて楽しんで遊ぶ。

対象
低学年
中学年
高学年

1. 実際にやってみせる

今から身近な何かを使って音を出します。それは，「何で，どうやって」音を出したか当ててください。（割り箸を折る）

何かが折れた音だー！　木かな？

正解は，「割り箸を思いきって割った音」でした。

2. 何を使い，どうやって音を出すのかを考える

では，たくさんの材料からどうすると音が出るか考えてクイズにしてみましょう。

うまくいくコツ
材料はたくさんあったほうがよい。
最後，みんなでクイズ大会にすると一生懸命考えるかも…。

ついたて

音を出してあそぶ

\ プラスα /

安全に十分留意して活動させましょう。

素材の手触りにも着目できるようにしましょう。

タブレット端末で録音，録画をしていつでも確認，遊べるようにしてもよいです。

材料を限定することで，音の出し方への工夫が出るかもしれません。

破いたり，割ったりした物を組み合わせて作品づくりをしても面白いです。

逆に音の出し方（叩くなど）を指定して，材料を考えさせるのもよいです。

（松田　拓也）

内容別　短時間でパッとできる図工あそび

音を出してあそぶ（工作）

折り紙1／4ですぐに鳴る笛をつくろう！
ピーピー笛

 時間　5分　 準備物　●折り紙1／4，はさみ

ねらい
折り紙を折り，息を吹いたときに折り紙を振動させることで鳴ることに興味をもちながら，いろいろな息の吹き方を工夫して鳴らして遊ぶ。

対象：低学年／中学年／高学年

1. 実際に試して見せる

 折り紙の1／4を三角に折り，端を少し折りかえすと，ジャーン！ピーピー笛になります！　鳴らしてみます！

 わぁーっ，すごい！「ビーって」音が鳴った！

 指と指との隙間を狭くして息をさらに強く吹くと…。

 今度は「ピーっ！」て鳴った！

 誰が一番高い音で鳴らせるかやってみましょう！

 すきまを狭くして強く吹くと高い音が出たよ！

うまくいくコツ
紙と紙との隙間を最初は，1mmくらい開けながらじわじわ隙間を狭くして吹く。
口をとがらして強く吹くことが高い音を鳴らすコツ。

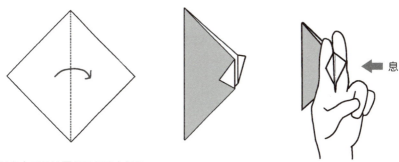

開いたところは平らになるように。

息

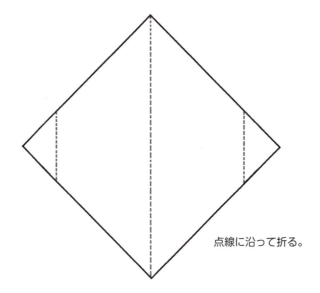

点線に沿って折る。

音を出してあそぶ

＼ プラスα ／
紙の形を丸くしたり長方形にしたり，大きさを変えたりして鳴る音の違いを楽しみましょう。紙に絵や模様を描いても面白いです。

（竹井　史）

音を出してあそぶ（工作）

ストロー1本で音の高さの変わる笛をつくろう！
ストロー笛

 時間 5分　 準備物　●ストロー（6mm），はさみ

ねらい

ストローに整形を加え，息を吹いたときに振動するリードをつくることで音が鳴る特性に興味をもちながら，息の吹き方を工夫して鳴らして遊ぶ。

対象
低学年
中学年
高学年

1. 実際に試して見せる

 1本のストローを，ちょいちょいと切り，くわえて息をふくと。

 わぁーっ，音が鳴った！

 ストローの先に指を当てて鳴らすと…（ストローの先に指を当てたり，離したりしながら吹く）。

 なんだか，無線の信号みたい。

 今度はストローの先に両手をかぶせて吹きながら少し開け閉めすると（音を鳴らす）！

 いろいろ音が変わった！

> **うまくいくコツ**
> ストローの長さは5cm以上にする。
> リードは2cm。
> リードを口の中に入れて，リードの根元を両唇でかるく押さえて勢いよく吹こう！

084

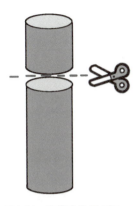

❶ ストローを好きな長さに切ろう（4cm以上）。

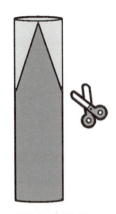

❷ リードの長さは約2cm。

❸ ストローの先から約4cmくらいつぶし，口にくわえて強く吹く。

> ＼ プラスα ／
>
> ストローの長さを変えると変わる音の高さに気づいたり，長さの違うストローを3本組み合わせてホイッスル笛にしたり，工夫してみましょう。

（竹井　史）

音を出してあそぶ（工作）

折り紙1／4で楽器をつくろう！
はっぱ笛

- 時間：10分
- 準備物：
  - ●折り紙1／4，はさみ
  - ●ストロー（4mm または4.5mm）

ねらい
葉っぱの形に切った折り紙を丸めてリードをつくることで，柔らかな音の鳴る笛をつくる。

対象：低学年／中学年／高学年

1. 実際に試して見せる

葉っぱの形に切った折り紙を丸めて，ストローを抜いた後，先をちょいとつまんでリードをつくり，リードを口の中に入れて強く吹くと…。

すごい！　ぷーっと音が鳴った！　どうして？

2. いろいろな鳴らし方をしてみる

吹きながら，筒の先を閉じたり開いたりしたら…。

ぷーっ，ぷぷぷってお話してるみたい。

筒の先に，両手をかぶせて，少し開けたり，閉じたりするとどうなるかやってみましょう。

うまくいくコツ

筒の直径は4mm程度。4mmのストローを芯にして紙を巻くと正確な筒になるのでおすすめ。リードは親指と人差し指で1回だけつまんでパッと離す。
リードを口の中に入れ強く吹く。

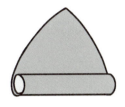
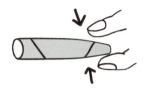

❶ 1／4サイズ折り紙を点線に沿って切りはっぱの形にする。

❷ 4mmまたは4.5mmの直径のストローに巻きつける。

❸ 片方の端を指で1回つまんでラグビーボールの形につぶす。

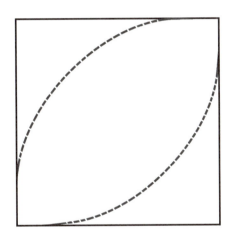

\ ポイント /

リードの先はラグビーボールの形になればOKです。

口の中に入れたリード部分は舐めてぬらさないようにしましょう。

鳴らなくなったら，反対側にリードをつくると，また鳴らせます。

（竹井　史）

音を出してあそぶ（工作）

いろいろな物の音を聞いてみよう！
ペットマラカス

時間 10分

準備物
●ペットボトル（いろいろな大きさや形状のもの）
●つまようじ，水，砂，小石，クリップなど

ねらい
形状の異なるペットボトルに，小石や砂，クリップなど大きさ，素材の異なるものを入れて振ることで奏でる音の面白さや不思議さを味わう。

対象
低学年
中学年
高学年

1. 実際に試して見せる

昨日飲んでラベルをはがしたペットボトルを持ってきました。

あっ，これとそれ知ってる！

これに，先生の机の中にあるクリップや使い古しのボールペンや，校庭でとってきた砂を入れてふたを閉めて振ると…。

うまくいくコツ
凹凸のあるペットボトルとクリップなど硬い物とを組み合わせるといい音が鳴る。

面白い音が鳴る！

いろいろなペットボトルに身近な物を入れて振ってみて，面白く鳴る組み合わせを見つけましょう。

面白そう！　中に何を入れようかな……。

088

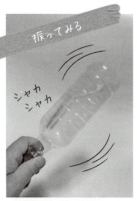
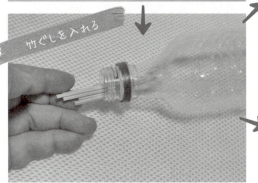

> ＼ プラスα ／
>
> 　ペットボトルの持ち方を変えて鳴る音の違いを楽しみましょう。
> 　いい音のマラカスができたら，マラカスを鳴らしながらリズム遊びをしてみましょう。
> 　ペットボトル以外に，お菓子の空箱や金属製の空き缶などを使うと違った面白い音が鳴ります。
> 　いろいろ遊んだら，目隠しをして中にどんなものが入ってるか当て合いっこをしてみましょう。

（竹井　史）

競争してあそぶ（工作）

とってもよく飛ぶ飛行機を飛ばそう！
わっかひこうき

 時間 15分　 準備物　●色画用紙，ストロー，セロハンテープ，クリップ

色画用紙で大小2つの輪をつくり，ストローにつけるだけ。なぜ飛ぶのか考えながら飛ばし方を工夫して遊ぶ。

対象
低学年
中学年
高学年

1. 実際に試して見せる

 たった2つの輪をつけるだけで，ほらこの通り。こんなに上手に飛びます。まずは大きな輪をつくってストローにつけましょう。できた人は小さな輪をつくってストローにつけましょう。

2. みんなで飛ばして遊ぶ

 できるだけ遠くへ飛ばせるよう，投げ方を工夫してみましょう。

 あまり力を入れすぎないほうがいいね！

 輪っかが目標に向かって真っすぐになるとよく飛ぶ！

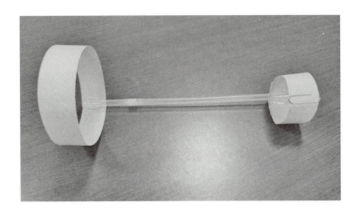

❶ 大きい輪をつくる。
❷ セロハンテープでとめる。
❸ 小さい輪をつくる。
❹ セロハンテープでとめる。
❺ 両方の輪をストローの先にセロハンテープでとめる。
❻ 小さい輪の上になる部分にクリップをつける。
❼ ストローの部分を持って小さい輪を前にして飛ばす。

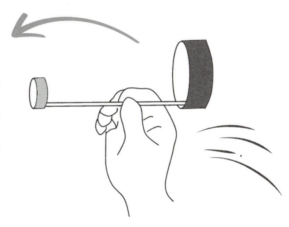

> ＼ ポイント ／
>
> 大きい輪はたて27cm よこ2.5cm。小さい輪はたて15cm よこ2.5cm。
> ストローはそのままの長さでつくりましょう。

（佐藤 貴子）

競争してあそぶ（工作）

息を吹いて的に当てよう！
吹き矢

 時間 10分   準備物 ●折り紙，セロハンテープ，ストロー

ストローに折り紙を巻きつけて吹き矢のような形にする。息の吹き方を工夫してより正確に飛ばして的あてで遊ぶ。

対象
低学年
中学年
高学年

1. 実際に試して見せる

 折り紙を細長く折って袋状にし，ストローにかぶせると，吹き矢のような形になります。ストローを口にくわえてピュッと吹くと素早く飛んでいきますね。

2. 的あてをして遊ぶ

 黒板に的をかいてみたので，順番に的あてをしてみましょう。自分たちで的をつくってもいいですよ。

 息の吹き方で飛び方が変わるね！

 得点の高い部分は小さくしてみよう！

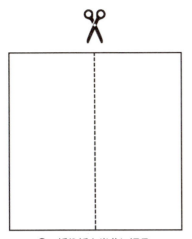
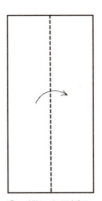
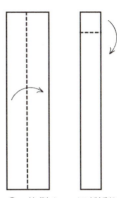

❶ 折り紙を半分に切る。
❷ 縦に2回折る。
❸ 片側1cmほど折り返してセロハンテープでとめ袋状にする。

❹ ストローにかぶせる。
❺ 矢のできあがり！
自由に的をつくろう！

競争してあそぶ

＼ プラスα ／

飛ばし方に慣れてきたら，いろいろな大きさの的をつくって当てて楽しんでもよいでしょう。

（佐藤　貴子）

内容別　短時間でパッとできる図工あそび　093

競争してあそぶ（工作）

ペットボトルで射的を楽しもう！
ペット噴射

 時間　10分　 準備物　●ペットボトル，ビニールテープ，風船，紙の札

ねらい
ペットボトルから噴き出るものが何かを考えさせながら，風船のゴムを引っ張って的をねらい勝敗を楽しんで遊ぶ。

対象
低学年
中学年
高学年

1. 実際に試して見せる

これはペットボトルの飲み口付近を切ったものと風船を半分に切ったものをテープでつなぎ合わせたものです。このゴムを的に向けて引っ張ると…立てた紙の的が倒れます。どうして的が倒れたのでしょう。

うまくいくコツ
10分間で行う場合は，全て先生が準備し子どもは的あてだけを楽しむ。時間があるときに一緒につくる。

2. グループで的あてをして遊ぶ

順番に的あてをしましょう。的に書いてある数字が点数です。誰がたくさん点数をとれるでしょうか？

ペットボトルの口を的に真っすぐねらうといいね！

風船のゴムをしっかり引っ張ると空気が勢いよく出るよ！

094

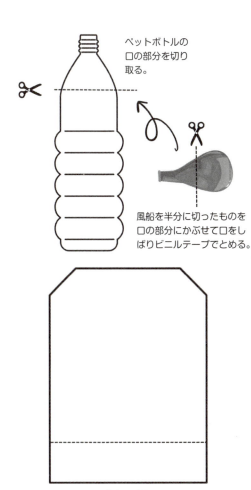

ペットボトルの口の部分を切り取る。

風船を半分に切ったものを口の部分にかぶせて口をしばりビニルテープでとめる。

的をつくる。

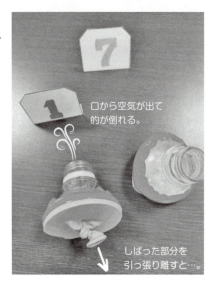

口から空気が出て的が倒れる。

しばった部分を引っ張り離すと…。

競争してあそぶ

＼ ポイント ／

10分の製作時間ではペット噴射をつくるだけで時間を使うので，的はあらかじめ準備しておくとよいです。ボール紙でつくると的あての難易度が上がります。ペットボトルは丸形の口がおすすめです。

（佐藤　貴子）

内容別　短時間でパッとできる図工あそび　095

競争してあそぶ（工作）

思い切り飛ばそう！
バズーカ！

時間 15分

準備物
- トイレットペーパーの芯，紙コップ，輪ゴム，割り箸
- 新聞紙（朝刊1日分），セロハンテープ，アルミホイル

ねらい

ゴムの力を使って，玉を飛ばす仕組みをつくる。飛ばし方を工夫したりやゴムの強さを変えたりして，玉を飛ばす距離を競って遊ぶ。

対象：低学年／中学年／高学年

1. 実際に玉を飛ばして見せる

 このような仕組みをつくると，玉を遠くに飛ばせます。

 つくってみたい。飛ばしてみたい。

2. つくり方を伝える

 ①新聞を強く巻き，②セロハンテープで数カ所とめ，棒状にします。③割り箸の長さを半分にして，半分の割り箸を棒の片端にセロハンテープで取り付けます。もう半分には，2つつなげた輪ゴムを付けます。④ペーパー芯と紙コップをセロハンテープで接着します。⑤新聞の棒にペーパー芯を通しておきます。⑥2つつなげた輪ゴムを割り箸にひっかけ，割り箸をペーパー芯に通します。⑦アルミホイルで玉をつくります。⑧コップの中に玉を入れペーパー芯を持って手前に引き離すと玉が飛びますよ。

できたら，飛ばす競争したり，（的をつくって）的あてをしたりしよう！

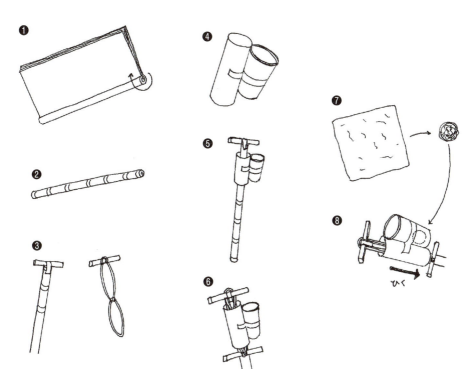

＼ ポイント ／

ゴムの強さを変えたい子どものために予備の輪ゴムを用意しておくとよいでしょう。

（河口　貴子）

競争してあそぶ（工作）

つくったラケットで試合をしよう！
牛乳パックのラケットで卓球しよう！

時間 10分

準備物
- 牛乳パック（切り開いたもの），割り箸，はさみ
- 油性ペン，セロハンテープ，ビニルテープ，ピンポン球

ねらい

牛乳パックの紙の強度を使って，卓球のラケットをつくって，試合をして遊ぶ。

対象
低学年
中学年
高学年

1. 実際に卓球の試合をやって見せる

 このラケットの主な材料は，牛乳パックと割り箸です。みなさんもつくってみましょう。

 自分だけのラケットをつくって卓球の試合がしたいな。

 ①切り開いた牛乳パックを2つに折ります。②油性ペンでラケットの形をかきます。③2枚一緒に切り取ります。④開いた片面に割り箸をセロハンテープでとめ，2枚の間に挟むようにします。⑤縁取りをするようにビニルテープでとめます。⑥持ち手になる部分に，ビニルテープを巻き，ペンで絵をかいてできあがりです。

2. 試合をする

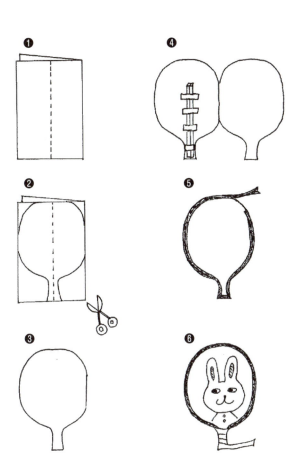

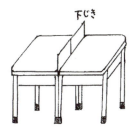

試合では，2つの机を組み合わせ，ネットになりそうなもの（下敷き，ペンケースなど）を挟んだり，間に置いたりして，卓球台をつくる。

\ ポイント /

トーナメント戦やグループ対抗戦などを行いましょう。
ルールや点数は子どもが話し合って決めることができます。審判も子ども同士で行うことができるようにします。

（河口　貴子）

競争してあそぶ（絵で表す）

みんなの発想力を鍛えよう！
形からの発想ゲーム

 時間 10分　　 準備物 ●紙, 鉛筆, カラーペン（赤）

ある形をお題にして，その形が含まれるものを時間内にいくつ描けるかを，発想力を鍛えながら，競い合う要素を取り入れて楽しんで遊ぶ。

対象
低学年
中学年
高学年

1. 実際に例題に取り組む

 △の形が含まれるものを，時間内にできるだけたくさん描いてください。△と思われる形が入っていれば大きさや向きは自由です。

 私は4つ描けたよ！

2. 競い合って遊ぶ

 チーム対抗戦で行います。時間は◆分です。終わってから，いくつ描けたかを数えます。みんなでお題の形があるかを確認して，同じものが複数あったら1つとして数えます。迷うものも，みんなで話し合って判断します。

お題をもっと難しい形にしてよ！

うまくいくコツ
実際の形と違っても発想がよいものは，みんなで認め合うようにする。

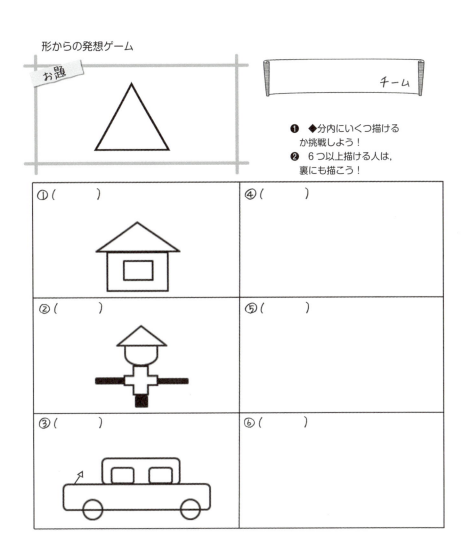

ポイント
発想がよいものには加点するなど，ルールを工夫しましょう。

（加藤　俊行）

内容別　短時間でパッとできる図工あそび

競争してあそぶ（立体）

バランスを考え切った画用紙を高く立たせよう！
クミクミせいくらべ

時間 15分

準備物 ●八つ切り半分の画用紙，はさみ

ねらい
切った画用紙片に切り込みを入れ，切り込み同士を組み合わせて高く立てる活動を楽しむ。

対象：低学年／中学年／高学年

1. 八つ切り半分の画用紙を好きな形に切り分ける

（先生の実演）画用紙を好きな形に切り分けて，はさみで切り込みを入れて，クミクミします。すると，画用紙が立ち上がります。まず，好きな線で画用紙を切り分けてみましょう。

2. はさみで切り込みを入れてクミクミする

どうクミクミすると，高く立ち上がるのかを考えながら，切り込みを入れてクミクミを始めてみましょう。

うまくいくコツ
配布された画用紙で，どれだけ高くクミクミできるか工夫させる。
慌ててはさみを使うとケガにつながる可能性もあるので，安全の観点から時間を設定して競争することはしない。
画用紙片を小さく切り分けたり折ったり曲げたりすることは認める。

上の方ばかりにクミクミすると，フラフラしちゃう。下を大きくした方が，高く立ち上がるのかな。

3.できた「クミクミックス」を友達と並べて楽しむ

クミクミして立ち上がったものを「クミクミックス」と名づけましょう。「クミクミックス」を，友達と並べてせいくらべしてみましょう。

> **うまくいくコツ**
> 「クミクミックス」の下に図工の教科書などを敷くようにすると，せいくらべのために移動させやすい。「クミクミ○○○」というように，クミクミしたものの名前を子どもたちと決めてもよい。

友達の「クミクミックス」の形の面白さも見つけましょう。「こちらから見たら○○に見える」というように面白い発見があったら教えてくださいね。

＼ プラスα ／

　競争色はなくして，最後それぞれ「せいくらべ」というフンワリした比較・鑑賞ができるように心がけましょう。
　使用する画用紙は八つ切りの大きさにすると，ダイナミックな「クミクミックス」になります。

（安田　拓之）

競争してあそぶ（工作）

誰が高く飛ばせるかな？
かみトンボ

 時間 10分　　 準備物　●方眼紙，ストロー，ステープラー

方眼紙を羽の折り方に気をつけながら，ストローの軸をうまく回転させて誰が高く飛ばせるか楽しんで遊ぶ。

対象：低学年／中学年／高学年

1. 一緒につくりながら実際に試してみる

 方眼紙を2つに折って，折ったところをストローの切り目にはさみましょう。はさんだところをステープラーでとめます。羽の先を斜め下に折り曲げます。折り曲げ方によって飛び方が変わります。

2. 飛ばして遊ぶ

 手の動かし方に気をつけてかみトンボを飛ばしてみましょう。

 ストローをくるくる回した後は，両手をすばやく離すといいんだね！

 羽の角度をいろいろ変えてみると飛ぶ高さが変わるよ！

❶ カットした紙を２つに折る。

❷ ストローの先に切り込みを入れ紙を挟みストローと紙をステープラーでとめる。

❸ 羽の端が折った角に重なるようにななめ下へ折る。

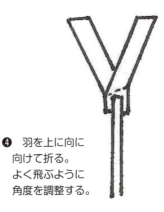

❹ 羽を上に向けて折る。よく飛ぶように角度を調整する。

＼ ポイント ／

方眼紙（牛乳パックでもよい）は縦17cm，横２cmにします。ストローは長さ15cmにカットして準備するとよいでしょう。手のひらで挟んで指をすべらせるように回して飛ばしましょう。

（佐藤　貴子）

競争してあそぶ（絵で表す）

絵で神経衰弱をしよう！
絵合わせゲーム

 時間　10分　 準備物　●紙，鉛筆

ねらい

先生が提示する「お題」に沿ってそれから思いつく絵を紙のカードにどんどん描いていく。発想の違いを感じる。

対象：低学年／中学年／高学年

1. 先生が「お題」を伝える

 さてみなさん，「夏」と聞いて思い浮かぶものは何がありますか？ ギラギラ太陽，すいか…いろいろ出てきますね。思いついたものをどんどんそのカードに描いてみましょう。

2. 2人組になって絵カードを合わせる

 2人組になって，つくった絵カードを合わせてみましょう。互いに同じものを描いていたら，それで1組みそろったということになります。絵カードがたくさんそろったペアが勝ちです。

 海が描いてあるね！　そろったよ。

 同じ海の絵でも違うね！

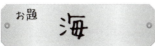

競争してあそぶ

＼ ポイント ／

　できるだけたくさんの絵を描けるようなお題にすると，発想が広がりゲームも盛り上がります。

（佐藤　貴子）

内容別　短時間でパッとできる図工あそび

競争してあそぶ（造形あそび）

絵で伝えて心を合わせよう！
お絵かき伝言ゲーム

 時間 10分　 準備物 ●紙，鉛筆

ねらい
イラストを使って相手に伝える活動を通して，相手に伝わるように描き方を工夫して勝敗を楽しんで遊ぶ。

対象：低学年／中学年／高学年

1. 例題を出す

 さて，このイラストは何を表しているでしょうか…　そう，「りんご」の絵でした！　では，このイラストはどうでしょうか…。

 人が走っている？　リレーですか？

 残念。これは「運動会」の絵でした。相手に伝わるように描くのは難しいですね。

2. 列をつくって遊ぶ

 列をつくって並びましょう。今から先頭の人にだけお題を伝えるので，そのお題をイラストに描いて次の人に伝えましょう。

 絵に，線で動きをつけるとわかりやすいね。

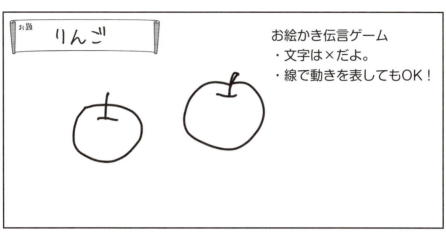

競争してあそぶ

\ ポイント /

お題は，はじめは「りんご」「犬」といったわかりやすいものにして，だんだん数を増やしていったり難しくしたりするといいですね。

（山田　祥太郎）

内容別　短時間でパッとできる図工あそび

競争してあそぶ（工作）

みんなで紙コップを積み重ねよう！
グラグラシーソー

 時間　15分　 準備物
●紙コップ（10個以上），はさみ，両面テープ（またはセロハンテープ）
●紙皿（23cm：工作用紙で同じ直径の円を切ってもよい），紙パック

ねらい
重さのバランスを考えながら，友達と協力して紙コップを積み上げる中で，いろいろなルールを考える。

対象
低学年
中学年
高学年

1. グラグラシーソーを見せる

　紙パックと紙皿でこんなものをつくってみました。

　シーソーみたい！

　グラグラシーソーと言います。このシーソーに，ジャーン！　紙コップを積み上げていきます。

　上からかぶせてもいいの？

　かぶせても，上に重ねても OK です。ただし，紙コップが崩れたらアウトです。いろいろなルールを考えてつくって遊んでみましょう！

　なるほど！　紙皿に模様を描いたら楽しくなりそう。

> **うまくいくコツ**
> 紙パックに紙皿を貼りつけるときは，紙皿を左右にずらしながら，紙パックがまっすぐになる位置を探す。
> 小さめの紙皿を紙パックに貼るときは，紙パックの上から約 2 cm 下げて貼るとグラグラ感が UP！

❶ 紙パックの注ぎ口はたたむ。

❷ 平らな面に紙コップをのせる。

❸ 紙コップはかぶせても上に重ねても OK

競争してあそぶ

＼ プラスα ／

発展ルール1　紙コップを置くとき，紙コップをずらしても OK です。

発展ルール2　最初に紙コップを3つ並べておき，紙コップを積み上げる，またはかぶせていきます。

発展ルール3　紙コップの色などで A チーム，B チームをわけ，コップを置くとき自分のチーム，または相手のチームの紙コップの上にしか置いたりかぶせたりできないルールにします。

（竹井　史）

飾ってあそぶ（立体）

折りたたんで持ち運べる立体作品をつくろう！
旅の彫刻

 時間 15分　 準備物　●ケント紙，はさみ（カッターナイフ・カッター板）

ケント紙を半分に折って立てることを基本とし，切り込みを入れたり，折ったりして様々に変わる紙の表情を楽しむ。

対象
低学年
中学年
高学年

1.「旅の彫刻」の作品を見せる

 ここにぺったんこに折りたたんだ紙があります。何だと思いますか？

 広げると何か出てくる。

 そうです。これは，広げると立体になる，どこにでも持ち運びのできる「旅の彫刻」です。

 みなさんにも「旅の彫刻」をつくってもらいます。折りたたんで持ち運びができることを条件とします。

 切り込みを入れたり，切り込みの入れ方と折り方を工夫したりして，飛び出す仕組みをつくりましょう。

112

2. 作品を見せ合う(教室の好きな場所に飾る)

題：山の姿

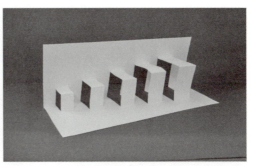

題：四角い波

題：飛び出す紙

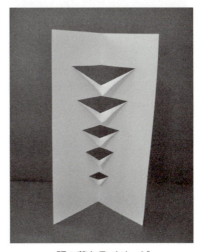

題：落ちるイメージ

> ＼ プラスα ／
>
> 表現を試したい場合は，わら半紙を用紙しておき，試すことができるようにしましょう。作品を好きな角度から，タブレット端末で写真を撮ってもよいでしょう。

（河口　貴子）

飾ってあそぶ（工作）

迷路に挑戦しよう！
ロープで迷路

時間　15分

準備物　●カラータフロープ，紐，養生テープ

ねらい
結び方やつなげ方の技能を身に付けながら，ロープや紐を教室に張り巡らせ，全体の形を工夫しながら迷路をつくって，楽しんで遊ぶ。

対象
低学年
中学年
高学年

1. ロープや紐を教室に張り巡らせて迷路をつくる

ロープや紐を椅子や机に結んで取り付けたり，つなげたりして迷路をつくりましょう。

2. 迷路を楽しむ

走らず，歩いてゴールを目指しましょう。

ひっかけコースもあるね。

友達と一緒にチャレンジするといいね。

うまくいくコツ
最初にスタートとゴール，コースを決めてからロープを張るとよい。

ロープの結び付け方

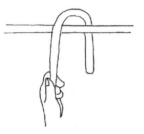

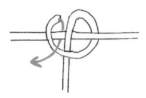

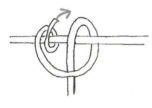

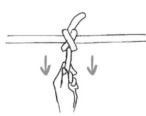

ロープとロープのつなぎ方

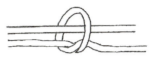

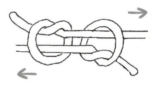

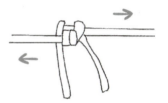

飾ってあそぶ

> ＼ ポイント ／
> 体験しながら結び方の技を身に付けていきましょう。

（塚本　雅子）

飾ってあそぶ（工作）

今日の給食を特別メニューにしよう！
みんなでランチパーティー

 時間　15分　　 準備物　●ラミネーター，フィルム，紙の切れ端など

ねらい
紙の形や色に着目して，自分だけのランチョンマットをつくり，生活を豊かに彩る。

対象：低学年／中学年／高学年

1. 絵や紙の切れ端をフィルムに挟む

　好きなものを描いた絵や，図工の時間に余った紙の切れ端をフィルムに挟んで，自分だけのランチョンマットをつくりましょう。

　ぼくはもうすぐ誕生日だから，大きなケーキをつくろう！

　大好きなネコの絵を描いて挟みたいな。

2. フィルムをラミネーターでラミネートする

　ランチョンマットを敷くと給食が楽しくなりそう！

> **うまくいくコツ**
> ラミネートフィルムを運ぶときに，中の紙が滑り落ちないよう注意する。

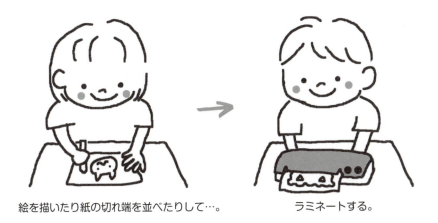

絵を描いたり紙の切れ端を並べたりして…。　　ラミネートする。

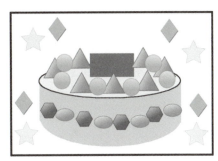

余った切れ端も，すてきなランチョンマットに生まれ変わる！

飾ってあそぶ

> ＼ プラスα ／
> 友達同士で好きなものや好きな色を聞いてつくり合ったり，高学年から下学年へプレゼントしたりする活動もすてきですね。

（鈴木　さやか）

飾ってあそぶ（鑑賞）

周りの物に「おめめ」をつけて命を宿らせよう！
おめめフレンズ

 時間　10分　 準備物　●丸シール（大小2種類，様々な色）

身の回りの物に「目（おめめ）」のシールを貼り，新しい友達（生き物）に見立てる。遊んだり鑑賞したりして楽しむ。

対象：低学年／中学年／高学年

1. 先生の実演を見て，意欲を高める

 大きいシールと小さいシールを重ねると「おめめ」になります。それを周りの物に貼ると…新しいお友達「おめめフレンズ」誕生です。「おめめ」を貼って，新しい友達を見つけましょう。

2.「おめめ」を貼り，「おめめフレンズ」をつくって楽しむ

 どの場所に「おめめ」を貼ると，どんな顔になるか，どんな体になるかを考えながら，貼ってみましょう。

 ここが「おめめ」だと，こっちが体で，ここが尻尾に見えるね。

「おめめ」を離してはると，やさしい顔に見えるよ。

 見て！　ここが鼻みたいだからゾウみたいになったよ。

できた「おめめフレンズ」に名前をつけてあげましょう。どんな友達なのかも考えてみましょう。

> **うまくいくコツ**
> 「おめめ」をはる場所によって,「おめめフレンズ」の見立てや表情が変わり,キャラクター付けができるので,工夫させるとよい。
> 「おめめ」で使ったシールを「おめめフレンズ」の口や鼻など,目以外のところにも使うことは認めていくとよい。

この「ミミ」は,悲しい気持ちのとき,歌でなぐさめてくれるよ。

❶ 身近な物のどこを「顔」にするか考える。

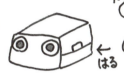

❷ 大きいシールと小さいシールを重ねて「おめめ」をつくり,「顔」のところに貼り付ける。

＼ ポイント＆プラスα ／

「おめめ」をつければ,子どもたちは,そこに「命」が宿ったような気持ちになり,愛着もわいてきます。自然とキャラクターやストーリーが生まれ,子どもたちの想像の世界が広がります。

　子どもたちのに思いに合わせて,目以外の口や鼻に見立てて貼ったり,色画用紙で手足などイメージする「おめめフレンズ」になるように飾りつけたりすれば,創造的な活動はもっと広がりそうです。

　タブレット端末を使って,「おめめフレンズ」の写真を撮って集め,「おめめフレンズ図鑑」として印刷して掲示したり,本にしたり,写真画像を共有フォルダに入れて自由に見れるようにすると,活動がさらに盛り上がります。

（安田　拓之）

飾ってあそぶ（工作）

みんなでつくろう！
手つなぎ飾り

 時間　10分　 準備物　●画用紙，色鉛筆，折り紙，はさみ

ねらい

はさみの扱いに慣れるとともに，みんなでつながる作品をつくることを楽しむ。

対象
低学年
中学年
高学年

1. 実際に見せながらつくり方を教える

　紙を折って，このように手の先がつながるように切ると，手つなぎ飾りをつくることができます。

　すごい！　やってみたい！

　つながる部分が細すぎたら離れちゃうね！

うまくいくコツ
はさみで切るときに力が入るとけがにつながる心配がある。切りにくいときははさみを大きく開いて，刃元で切るように指導する。

2. 手つなぎ飾りをつくっていく

　手や足のポーズ，服装などを工夫して，いくつかつくってみましょう！

　手も足もつながったよ！

紙を折って,一部がつながるように
はさみで切ると？

飾ってあそぶ

＼ プラスα ／

　学級目標や作品展の掲示として使うこともできます。
　似顔絵や服の模様などを描く場合には，折り紙で何枚か試してから，八つ切り程度の画用紙でつくるとよいです。
　友達と配置を考えながらそれぞれの手つなぎ飾りをつなげて掲示していくと，活動が盛り上がります。

（松田　拓也）

内容別　短時間でパッとできる図工あそび　121

飾ってあそぶ（工作）

折って切って開いてつなげてつくろう！
七夕飾り

 時間 10分　 準備物 ●折り紙，はさみ，鉛筆，セロハンテープ

折り紙を折って切って開くことを繰り返すことでお気に入りの模様をつくり，願いをかいた短冊とともに組み合わせて七夕飾りをつくる。

対象
低学年
中学年
高学年

1. 折り紙を折って切って模様をつくる

折って切って開くと，どんな模様ができますか？　いろいろな折り方をして，切って開いてを繰り返しながら，お気に入りの模様をつくりましょう！

見て！　偶然いい感じの模様ができた！

その模様どうやってつくったの？　教えて！

うまくいくコツ
折って厚くなった部分を切るときは無理に力を入れず，はさみを大きく開いて刃の根本を使ってゆっくり切るようにし，けがをしないように注意する。

2. 短冊に願いごとをかく

言葉や絵で願いごとをかきましょう！

3. 折り紙の模様と短冊を紐につなげる

122

飾ってあそぶ

> ＼ プラスα ／
> インターネットで様々な七夕飾りを検索できるので，自分で調べてつくるのも楽しいです。また折り紙以外にも，紙テープやビニール紐を束ねたり，紙製のコースターに模様を描いたりしても飾りができます。

（大島　聖矢）

飾ってあそぶ（絵で表す）

雨の日を楽しもう！
自分色のお気に入りの傘

時間 15分

準備物
- ビニール傘，カラーペン，カラーセロファン
- 化学接着剤

ねらい
さしたら楽しくなるような傘になるように，形や色，組合せや重なり，バランスなどに意識しながら，ペンやセロファンなどで飾る。

対象
低学年
中学年
高学年

1. ビニール傘の内側を飾る

透明なビニール傘，どんな絵や模様があると楽しいですか？

カラフルな水玉模様や虹を描きたいな！

うまくいくコツ
どんな傘にしたいかアイデアをふくらませておく。

傘の骨をくもの巣みたいにしたら面白そう！

にっこりした目と口を描いたら，傘を通して見えた雲や建物が笑っているみたいになりそう！

2. 飾った傘を広げ交換したり一緒に入ったりして友達と見合う

友達と傘を見合って，自分や友達のよさを見つけましょう！

雨の日が楽しみ！　早くみんなで使いたいな！

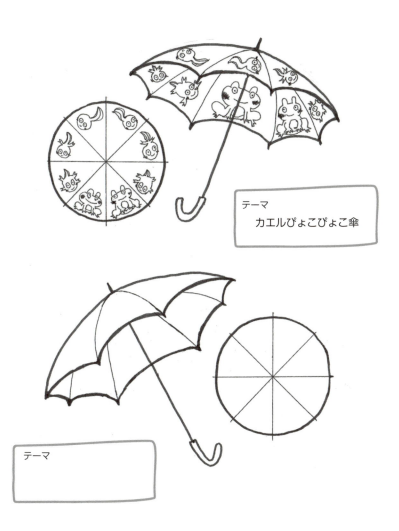

テーマ
カエルぴょこぴょこ傘

テーマ

飾ってあそぶ

＼ ポイント ／
どんな傘にしたいかテーマを決めて，形や色，組合せや重なり，バランスなどを工夫しながら飾ることができるようにするとよいでしょう。

（大島　聖矢）

内容別　短時間でパッとできる図工あそび

飾ってあそぶ（造形あそび）

どこにつながるか想像をふくらませよう！
秘密の入り口

 時間　15分　　 準備物　●モール，ビーズ
●自然材，両面テープまたはセロハンテープ

秘密の世界への想像をふくらませながら，身の回りの場所から，秘密の世界への入り口をつくる活動を楽しむ。

対象
低学年
中学年
高学年

1. 先生の試作を見せる

 みなさん，このロッカーを見てください。実は，このロッカーの奥には，文房具たちが暮らす秘密の世界があるんです。でも，ふだんは私たちに見つからないように，入り口は隠れています。今日は，そんな秘密の世界につながる入り口をみなさんでつくりましょう！

2. 入り口をつくる

 入り口がありそうな場所を見つけましょう。見つけたら，モールやビーズ，葉っぱや枝を使って，秘密の入り口をつくりましょう！

 おかしの世界につながる入り口をつくろうかなぁ。

 小人が住んでいるお家のドアをつくったよ。

タイトル	ちょきちょきワールド
どこにある？	ロッカーの中
どこにつながる？	文房具たちの秘密の世界

写真

飾ってあそぶ

\ ポイント /

どんな世界につながる入り口なのかを考えてからつくり始めると，作品のイメージがしやすいです。

（山田　祥太郎）

内容別　短時間でパッとできる図工あそび

飾ってあそぶ（工作）

新聞紙1枚でつくろう！
ニュースな花

時間 10分

準備物
- 新聞紙1枚，はさみ，ステープラー，色画用紙
- 両面テープ

ねらい

1枚の新聞紙を破いたり，折ったり，くしゃくしゃにしたり，裂いたり，ねじったりして形の変え方を試し，花をつくる。

対象 低学年／中学年／高学年

1. 新聞紙1枚でできた花を見せ，つくり方を説明する

新聞紙1枚だけで，できています。新聞紙を破いたり，折ったり，くしゃくしゃにしたり，裂いたり，ねじったりして，形をつくりましょう。世界に1つのニュースな花をつくって掲示板に飾りたいと思います。

ちぎった破片はまた使ってもいいですか？

紙の残りは出さない約束にします。ステープラーでつなげます。（子どもが，新聞の形の変え方（わざ）を見つけた場合，次々に黒板に書いていく。他の子どもには，「友達のわざ試してみよう」と投げ掛ける）

2. できた作品を台紙に貼るようにする

最後は台紙に，両面テープで貼り，掲示していきます。題もつけてみましょう。

題：吸い込まれる花
蛇腹に折って広げる。ギザギザの花びらのようになった。

題：ファイヤーフラワー
新聞を花束のように持って，余ったところをくしゃくしゃししたり，ねじったりする。

題：ひまわりのイメージ
真ん中を膨らませ，中央をくぼませたら立体的になる。台紙に貼るときも動きが出るようにする。

＼ ポイント ／

失敗しても新しい新聞紙をすぐに渡すのではなく，そこから考えられる表現にするようにアドバイスしましょう。

（河口　貴子）

素材であそぶ（工作）

自然を材料にいろいろな生き物をつくろう！

アース虫

 時間 15分　 準備物　●葉っぱや小枝，小石
●粘りのある土（使い古しの油粘土でも可）

ねらい

木の葉や枝，小石，粘りのある土（粘性土）などの自然を材料に想像の面白い生きものをつくる。

対象 低学年／中学年／高学年

1. 校庭で実際に試して見せる

 校庭にあった粘りのある土を丸めて，葉っぱをつけて，小石をつけると…。

 わぁーっ，昆虫みたい！

 これは，土や石，木の葉など地球の自然を材料につくるアース虫と言います。

 アース虫？

 アースは地球という意味。地球を材料にしてつくる生きものだからアース虫と言います。

 なるほど！　面白アース虫，つくってみたい！

うまくいくコツ
土台になる粘りのある土（粘性土）を探すのがコツ。土に水を加えたら，粘りが出る。

名前
ドングリラス

名前
エダブトムシ

素材であそぶ

> ＼ プラスα ／
>
> 　砂山や木陰などにアース虫の住み家をつくって遊んでみましょう。
> 　つくったアース虫を写真に撮ったり，プリントアウトしたりして，アース虫図鑑をつくってみましょう。
> 　その際，名前，どこから来た，何を食べるなど，いろいろ想像して言葉にしてみましょう。

（竹井　史）

内容別　短時間でパッとできる図工あそび　131

素材であそぶ（造形あそび）

光と色の重なりを楽しもう！
お花紙でステンドグラス

時間　15分

準備物
- お花紙，洗濯のり（PVA），刷毛，皿，はさみ
- 窓ガラス

お花紙をガラスに貼りステンドグラスのようにすることで，お花紙の光を通した色の感じを味わったり，色の重なりを楽しんだりして遊ぶ。

対象
低学年
中学年
高学年

1. 準備をする

お花紙を洗濯のりでガラスに貼って遊びましょう。ガラスに直接，洗濯のりを刷毛でこのように塗り，ある程度の大きさに切ったお花紙を貼っていきます。お花紙は，どんな感じになるでしょうか？

刷毛を使いますが，手にのりがつきますので，まず，お花紙を半分や3分の1ぐらいに，ちぎったり，はさみで切ったりして，ステンドグラスの破片をたくさんつくっておきます。グループで，協力して，切ったものは，箱の中に入れましょう。

2. お花紙の貼り方をやってみせる

グループで協力して窓ガラスをステンドグラスにしていきましょう。刷毛で洗濯のりを窓ガラスに直接塗りつけます。そこにお花紙を貼ります。刷毛で上からのりを塗りつけるとしっかりつきます。

すごい。貼り付いた。

 光を通してきれい。

 違う色を重ねると色が混ざるよ。

 虹みたいに絵をつくっていこうか。

安全な場所にある窓ガラスを選ぶ

❶ お花紙をある程度の大きさにちぎったり切ったりして様々な形の紙を箱に入れる。

❷ 皿に洗濯のりを入れる。刷毛は多めにあるとよい。

❸ 刷毛でお花紙の上からのりを塗りつける。

❹ 色の重なりを楽しむ。

> ＼ ポイント ／
> お花紙も画用紙などと同じで紙の目があります。破きにくい向きがあります。紙の目を意識して破き方や切り方を，工夫できるようにしましょう。

（河口　貴子）

内容別　短時間でパッとできる図工あそび　133

素材であそぶ（工作）

紙の切れ端を有効活用しよう！
紙帯のオブジェ

 時間 15分　　 準備物　●紙帯，のり，はさみ，鉛筆など

折ったり丸めたりすることで表情が変わる，紙の特性に興味をもちながら，1つ1つの加工の仕方や配置を工夫して楽しんでつくる。

対象：低学年／中学年／高学年

1. 紙帯のたくさんの折り方，丸め方に挑戦する

　紙帯の折り方や丸め方にはどんなものがありましたか。思い出してたくさんつくってみましょう。新しい折り方や丸め方を見つけるとすばらしいですね。

2. 円のオブジェを完成する

うまくいくコツ
土台の紙帯よりも細い紙帯でつくる。

　折った（丸めた）紙帯を土台に貼っていきます。

　遊園地に見えてきた！

　土台の端と端を貼って，円のすてきなオブジェが完成です。

　みんなのオブジェを集めると，1つの大きなオブジェになるね。

> 紙帯のいろいろな折り方や丸め方があるね。

> 土台の紙帯に、できたものをどんどん貼っていこう。

> 土台を丸めたオブジェ。

素材であそぶ

＼ ポイント ／

単に紙帯を折ったり丸めたりするだけでなく，紙帯に切れ目を入れたり，紙帯を組み合わせたりして，複雑な形のオブジェにも挑戦してみましょう。

（加藤　俊行）

内容別　短時間でパッとできる図工あそび　135

素材であそぶ（鑑賞）

小さなスーパーマンでいろんなポーズをつくろう！
自由なモールマン

 時間　15分　 準備物　●モール（1人2本程度）

ねらい

「モールマン」の動きを工夫して，場所とかかわらせて遊んだり鑑賞したりして楽しむ。

対象：低学年／中学年／高学年

1. 先生の「モールマン」を見て，意欲を高める

 2本のモールをねじって組み合わせると…自由なヒーロー「モールマン」に変身です。例えばこんなポーズや，こんなポーズもできちゃいます。みなさんもつくってみましょう。

2. つくった「モールマン」で遊ぶ

うまくいくコツ
展開例❶　教室探検の旅
できた「モールマン」と教室探検の旅へ出発。旅の途中で他のモールマンと出会ったら，挨拶を忘れずに。挨拶して仲良くなった「モールマン」同士で旅に出たり，一緒に遊んだりして楽しもう。

うまくいくコツ
展開例❷　「モールマン」の決定的瞬間撮影会
つくった「モールマン」を好きな場所に連れて行って，その場所に合わせて自由に想像して，「モールマン」の決定的瞬間やかっこいい，面白いポーズを，タブレット端末で撮影してみよう。
（例）「モールマン」のブレイクダンス，本の間に挟まった「モールマン」

モールマンのつくり方

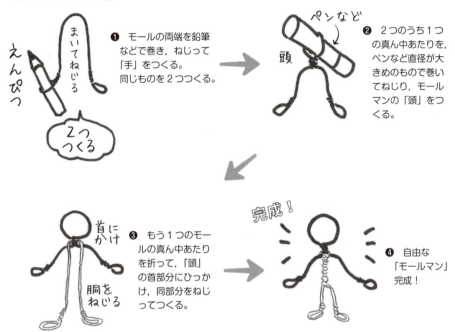

\ ポイント /

　モールが2本あれば「モールマン」は手軽につくれるので、その「モールマン」を使って遊ぶ自由な活動に残り時間を割きましょう。
　「モールマン」になりきって、探検・冒険の世界に浸らせる遊びの展開も、タブレット端末を使った撮影の展開も、子どもたちの協働が自然に生まれ、生き生きとした姿がたくさん見られることでしょう。
　「モールマン」を写真におさめたら、タブレット端末で共有したり、印刷して写真集にしても面白いですね。

（安田　拓之）

素材であそぶ（絵で表す）

たこ糸を指で押して貼り付けてスタンプをつくろう！
たこ糸はんが

 時間 15分　 準備物
- たこ糸40cm，クラフトテープ
- 方眼厚紙（5cm×20cm程度），スタンプ台

ねらい
たこ糸を指で押しつけながら，クラフトテープの接着面に貼ってスタンプをつくり，写して楽しむ。

対象：低学年／中学年／高学年

1．「たこ糸はんが」の実演を見て，意欲を高める

　たこ糸を使って簡単な版画ができます。つくり方は（次項参照）…では，押してみると…こんな感じに仕上がります。

2．「たこ糸はんが」をつくってみる

　かまぼこの形の持ち手をつくって…クラフトテープのくっつくところが外を向くように貼って…。（❷参照）

> **うまくいくコツ**
> 「❶方眼厚紙を折って持ち手をつくる」，「❷接着面を外側に向けたクラフトテープを持ち手に貼り付ける」までは学級一斉に行うとよい。

　それでは，たこ糸の端から一筆がきで絵を描いていくように，押し付けながら両手で貼っていきましょう（❸参照）。どこから貼り始めて，どの順番に貼っていくかを考えて取り組むといいですね。

> **うまくいくコツ**
> つくり始めに迷う子どもには，たこ糸を貼って表す線を指で机などに描かせてみてイメージをもたせるとよい。

たこ糸はんがのつくり方

❶ 方眼厚紙で持ち手をつくる。

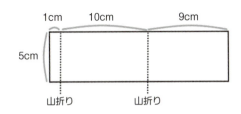

❷ 接着面が外を向くように，クラフトテープの折った部分をはり，スタンプ面をつくる。

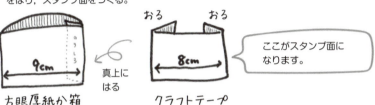

❸ スタンプ面に，両手でたこ糸を押さえながら貼り付けて仕上げる。

仕上がり例「ほえる犬」

╲ ポイント ╱

糸は取り外して何度も貼り直すことができます。糸を切って貼ると，ほぐれて思うように仕上がらないので，できるだけ一筆がきの要領で取り組ませてください。ワークショップにも向いています。

（安田　拓之）

素材であそぶ（工作）

色や形を自分でカスタムしよう！
スケルトンうちわ

 時間 15分＋α　 準備物　●うちわの骨，色紙，木工用接着剤，はさみ

色紙が外側に向くように重ねて好きな形に切り取り，うちわの骨に重ねるように貼って，自分だけのうちわをつくる。

対象
低学年
中学年
高学年

1．「スケルトンうちわ」のつくり方を知って意欲を高める

（先生の実演）これは，うちわの骨。あおいでも風は来ません。でも，切りぬいた色紙を両側から貼り付けると…骨が見えてるうちわなのに，風が来るんです。みなさんでつくりましょう。

面白い！　もうすぐ夏だから，使えそう。

2．「スケルトンうちわ」をつくってみる

大切に使えるよう，好きな色や形を組み合わせて仕上げましょう。

ぼく，魚が好きだから，海の中みたいにしていいの？

素敵なアイデアですね。魚が泳いでいるみたいに貼るのかな？　うちわの骨にどのように貼るかアイデアもいろいろ考えてみましょう。

140

スケルトンうちわのつくり方

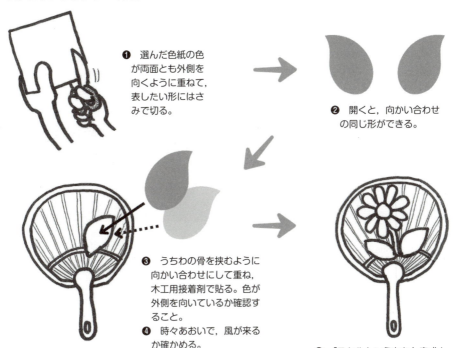

❶ 選んだ色紙の色が両面とも外側を向くように重ねて，表したい形にはさみで切る。

❷ 開くと，向かい合わせの同じ形ができる。

❸ うちわの骨を挟むように向かい合わせにして重ね，木工用接着剤で貼る。色が外側を向いているか確認すること。

❹ 時々あおいで，風が来るか確かめる。

❺ 「スケルトンうちわ」完成！

\ ポイント /

うちわの骨は，それだけではあおいでも風は起こりませんが，両側から向かい合わせで同じ形に切った色紙を貼り付けていくうちに空気を捉え，風を起こす「スケルトンうちわ」になります。

構想や接着に時間がかかるので，3回ぐらいに分けるといいですね。

暑くなる夏の前に取り組むとタイムリーですね。

（安田　拓之）

素材であそぶ（工作）

2枚の折り紙でつくろう！
何に見えるかな？

 時間 15分　 準備物　●色画用紙，折り紙，はさみ，接着剤

ねらい

はさみの扱いに慣れると同時に，折り紙の形や色に着目して楽しんで遊ぶ。

対象：低学年／中学年／高学年

1．2色選んだ折り紙を折って，切らせる

 1枚の折り紙を「田」の字になるように折ります。

 それを切って（大サイズ），4分の1サイズをもう一度「田」の字に折って切ります。（中サイズ）これをもう1回（小サイズ）やって，大，中，小の3つのサイズをつくります。

2．画用紙の上で並べて，気に入った形で貼らせていく

 画用紙の上に並べて，好きな組み合わせを見つけましょう。たくさんの材料からいろいろな形を考えましょう。

うまくいくコツ
一緒にやりながら進めるとよい。
小さく切りすぎないように，大きさは3種類であることをおさえる。

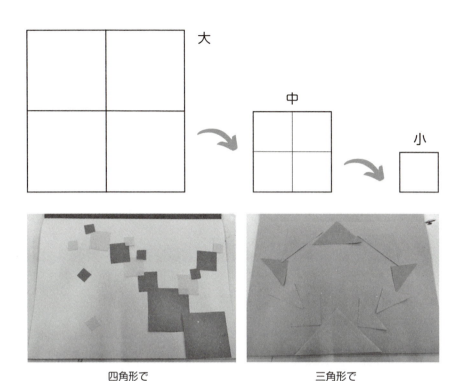

四角形で　　　　　　　　三角形で

＼ ポイント ／

折り紙は違う色の2枚を準備します。

木工用接着剤で，ちょんとつけるだけで十分くっつきます。

貼り付ける画用紙は白だけではなく，色画用紙でも面白いです。

何かをつくらず，抽象的でよいです。形の組み合わせに着目できるようにしましょう。

切り取った大サイズ1枚を，もっていない色の子と交換してもよいです（3種類の色がある）。

同じ方法で，三角形でもできます。

（松田　拓也）

素材であそぶ（造形あそび）

割り箸で遊ぼう！
割り箸マジックハンド

時間 10分

準備物
- 割り箸，輪ゴム，ペットボトルキャップ
- セロハンテープ

ねらい
割り箸と輪ゴムの特徴を生かして組み合わせ，マジックハンドをつくって遊ぶ。

対象：低学年／中学年／高学年

1. 割り箸6本を組み合わせるマジックハンドをつくる

2本の割り箸を1セットとし，間にもう1セットを挟み込んで，2重の輪ゴムで止めましょう。

割り箸をどのように輪ゴムで組み合わせると，動く仕組みになるかな。

2. 先端にセロハンテープでペットボトルキャップをつける

完成したら，いろいろなものを挟んでみましょう。輪ゴムの位置を調節して，もっとも取りやすい位置を見つけましょう。

消しゴムを挟んで取ることができた！

うまくいくコツ
割り箸を重ねると丈夫になる。

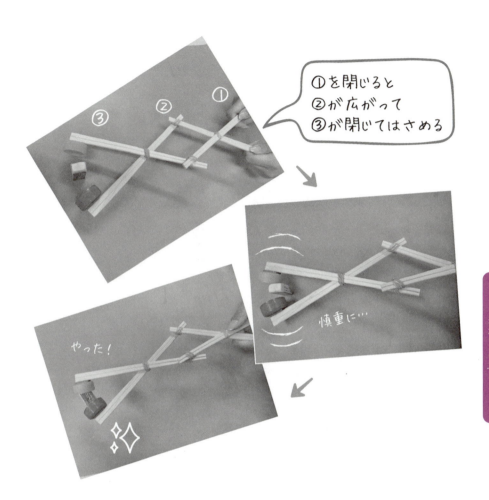

＼ ポイント ／

輪ゴムを1つの割り箸にひっかけたら十字にとめます。
　ペットボトルキャップは，両面テープを使って貼り付けるともっと丈夫になります。

（松田　拓也）

素材であそぶ（立体）

銀色に輝く新種の昆虫を発見しよう！
新種発見！メタルバグ

 時間 15分   準備物 ●アルミホイル，ティッシュペーパー

ねらい
可塑性や容易に形を変えられるといったアルミはくの特性に興味をもちながら，昆虫をつくって遊ぶ。

対象
低学年
中学年
高学年

1. 先生の試作を見せる

みなさんは昆虫研究所の新米研究員です。先日，博士が新種の生物を発見してきました。それがこれです。

うまくいくコツ
特に低学年は，ストーリー性をもたせた，題材提示をすると，意欲的に活動するようになる。

2. 実際につくる

ところで，みなさんはこの昆虫が何でできているかわかりますか。

アルミホイルだと思います！

アルミホイルは自在に形を変えることができ，つくった形はそのまま残ります。この特性を生かし新種の昆虫を発見しましょう。

アルミホイルを細長くして，長い足にすると新種な感じがするよ。

ティッシュペーパーはなくても大丈夫だが，あると少ないアルミホイルで作品をつくることができる。

丸めたりねじったりしたアルミホイルを組み合わせてつくる。組み合わせる際は，巻き付けたり包み込んだりする。難しかったらセロハンテープを使ってもよい。

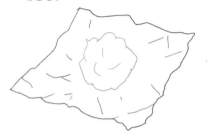

【エリマキコオロギ】
エリマキトカゲとコオロギが合体した新種の昆虫。きれいな音色を奏でる。

素材であそぶ

＼ プラスα ／

昆虫以外をモチーフにしてもよいです。また，芯材をティッシュペーパー以外の物にすると，大きい形や角ばった形なども表現できます。

（大須賀　章人）

素材であそぶ（立体）

どんな形ができるかな？
つまようじオブジェ

 時間 10分　 準備物　●粘土，つまようじ

ねらい
つまようじを使って，バランスや奥行き，組み合わせを考えて，オブジェをつくることを楽しむ。

対象：低学年／中学年／高学年

1. つまようじを刺す土台を粘土でつくる

 つまようじの刺し方をイメージして土台をつくりましょう。

 横にも刺せるように丸い形にしよう。

2. 規則性や連続性を意識してつまようじを刺す

 並べ方や刺す方向を工夫しながらつまようじを刺していきましょう。

 「なみなみ」に刺していこう。

うまくいくコツ
刺したいつまようじの全体の形を基に土台を考えるとよい。

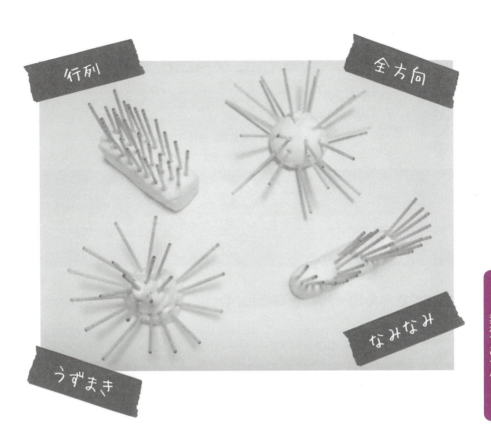

> ＼ ポイント ／
>
> 「なみなみ」「ぐるぐる」「うずまき」などの言葉をキーワードにすると楽しく刺していくことができます。
> 組み合わせてみんなで一つの作品にしても面白いです。

（松田　拓也）

素材であそぶ（造形あそび）

何気ないロール芯で無限大のあそびを楽しもう！
ロール芯であそぼう

時間 **10分**

準備物
- トイレットペーパーのロール芯
- はさみ，接着剤，油性ペン

ねらい
ロール芯をたくさん集めて，並べたり積んだり切ったり組み合わせたりして，活動を楽しむ。

対象
低学年
中学年
高学年

1. たくさんのロール芯を準備し，やってみたいことを話し合う

 このたくさんのロール芯で，みんなでどんなことをやってみたいですか？

 なが〜く並べてみたい！

 たか〜く積んでみたい！

 かっこいい剣をつくってみたい！

うまくいくコツ
子どもたちとの話し合いの中で，「並べる」「積む」活動ははじめに全員で行うようにすると，切ったり組み合わせたりする前の無加工のロール芯を使って活動することができる。10分ずつ何回かに活動を分けて行うとよい。

2. 活動を楽しんだ後，並べ方などで気づいたことを話し合う

 カーブにして並べたらへびみたい！

うまくいくコツ
活動後に気づいたことを共有することで，見方・考え方の育成につなげる。

 下3つに上1つになるように積むと，安定して高く積めたよ！

たくさんのロール芯を使って，みんなでどんなことをやってみたい？？

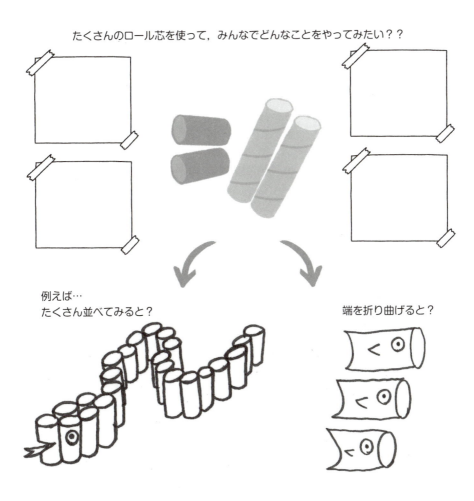

例えば…
たくさん並べてみると？

端を折り曲げると？

素材であそぶ

> ＼ ポイント ／
>
> 　材料と用具，環境を前にした子どもたちが，やりたいことをひらめき，つくりたいものをつくることを自由に楽しむことで，造形的な見方・考え方の育成につなげましょう。安全面を第一に考慮して，用具を制限したり，場を工夫したりしましょう。

（大島　聖矢）

内容別　短時間でパッとできる図工あそび　151

自然とあそぶ（造形あそび）

落ち葉を生かして生き物をつくろう！
はっぱアート

 時間 15分　 **準備物**
- 葉っぱ（落ち葉など），水性顔料（または修正液）
- 油性ペン（黒），B6くらいの紙，木工用接着剤，ポリ袋（小）

ねらい
落ち葉の色や形を組み合わせていろいろな生き物を表現して楽しむ。

対象：低学年／中学年／高学年

1. 実際に見せる

 校庭に落ちていた葉っぱを組み合わせた後，目を入れて生き物を表現してみました。

 すごい！　動物になってる！

うまくいくコツ
円い葉，細長い葉を組み合わせると，耳のある葉っぱの生き物に変身する。

2. いろいろ試してみる

 休み時間に採ってきた葉っぱをどんな生き物に見えるか考えてつくってみましょう。

 この葉っぱライオンの顔みたい！　耳をつけたらネズミみたい！

 葉っぱの色や形から生き物を想像して顔を描いてみましょう。

＼ プラスα ／

　テーマは動物に限らず，想像上の生き物でもよいです。
　穴の開いた葉っぱを口に見立てて歌っている様子も表現できます。
　長時間残しておきたいときは，押し葉にするか，スキャナーでデジタルデータにして保存したり，カラーコピーをしたりするとよいでしょう。

（竹井　史）

自然とあそぶ（造形あそび）

自然や素材に目玉をつけよう！
ここにふしぎな生き物が

時間　10分

準備物
- 紙，はさみ，鉛筆
- セロハンテープまたは両面テープ

目玉を付けて見立て遊びをすることにより，様々なものの見方を広げ自分らしい発想で名前をつけられるようにする。

対象
低学年
中学年
高学年

1. 実際に試して見せる

ここに目玉が2つあります。これを花につけてみると…おや，今にもしゃべりだしそうです。今度はこの椅子につけてみると…おや，何かの生き物のように見えますね。この4本の足で動きそうです。みなさんもふしぎな生き物を見つけてみましょう。

2. 木や草花，身の回りの物に目玉をつけてみる

教室の中にもたくさんの生き物がいますね。休み時間に校庭で見つけるともっとふしぎな生き物がいるかもしれません。

口を開けたカバに見えるよ！

教室の扉に目をつけてみるのも楽しいよ！

154

> 教室のとびらに目玉をつけると, あらふしぎ！ 口を開けた生き物になるね。

自然とあそぶ

\ ポイント /

目玉をつけたい物に合わせて目玉の大きさを選びましょう。
自分で目玉を描いてもいいです。

（佐藤　貴子）

内容別　短時間でパッとできる図工あそび

自然とあそぶ（造形あそび）

色とりどりの葉でつくろう！
葉っぱで描こう

 時間 10分　 準備物　●葉っぱ

ねらい
落ち葉の季節に行うとよい。色とりどりの葉っぱを見つけて並べることで，色の美しさや並べる楽しさを味わう。

対象：低学年／中学年／高学年

1. 色とりどりの葉っぱを見せる

 秋になり，ずいぶん葉っぱが色づいてきました。少し色が違う葉っぱを見つけてきて，みんなで好きなように並べてみましょう。

2. 葉っぱを拾って並べてみる

 できるだけ違う色の葉っぱを見つけてみましょう。拾った葉っぱをどんなふうに並べるか，相談するといいですね。

 緑からだんだん赤になるように並べよう！

 渦巻き型に並べるときれいかな？

156

自然とあそぶ

\ ポイント /

できるだけいろいろな色や形の葉っぱを見つけさせるようにすると,イメージが広がります。

（佐藤　貴子）

内容別　短時間でパッとできる図工あそび

自然とあそぶ（造形あそび）

生き物のために考えよう！
いきもののすみか

 時間 15分　 準備物　●空き箱，自然物（石・葉など），カップ

1年生活科「いきものとなかよし」2年生活科「生きているってすごい」の単元を合科的に扱い，自然物を使ってつくり実際に置いてみる。

対象
低学年
中学年
高学年

1. 生活科の学習の流れからいきもののすみかを考えてみる

 身近な生き物のすみかをつくります。生活科で習ったことを思い出して，どんなものが必要か，また生き物が喜ぶかを考えながら箱の中につくりましょう。

2. できたすみかを校庭に置く

 石や葉っぱ，草などを使ってすてきなすみかができましたね。

 この草むらに置いてみよう！

 花壇のところもいいね！　生き物が遊びにきてくれるといいな。

箱に穴を開けたり、石や葉っぱを入れたりする。

カップなどを直接地面に置き、その周りを石や葉っぱで飾る。

自然とあそぶ

\ ポイント /

どの生き物のためにつくるか、あらかじめ決めておくと、その生き物に合ったすみかを考えやすい。

（佐藤　貴子）

自然とあそぶ（造形あそび）

砂の感触を味わって遊ぼう！
砂場でボールコースター

 時間 15分   準備物
● ボール，ペットボトルキャップまたはプラコップなど
● バケツ（小）

ねらい

砂を使って諸感覚を養い，友達とコースを何度もつくりかえ，楽しいコースづくりを楽しんで遊ぶ。

対象
低学年
中学年
高学年

1. 砂場で題材を説明する

 水で砂を固めたり，材料でレールや高さをつくったりして，ボールが楽しく転がるコースをつくりましょう。

 トンネルをつくるぞ！　カーブするコースをつくりたいな！

 ジャンプコースをつくりたいな！

2. 製作をする

 どんどん試して何度もつくりかえていきましょう。ボールが通るコースの両わきにコップなどを置くと，ボールがうまく転がりますよ。

うまくいくコツ
ボールが転がるように，高さを出せる物をあらかじめ用意するとよい。

うまくいくコツ
・トンネルをつくるときには，砂山に水をかけて側面をたたくとしっかりした砂山ができる。
・ボールがどこまで転がるか，ジャンプしたボールが容器の中に入るかなどいろいろなゲームをすることもできる。

＼ ポイント＆プラスα ／

　コースの周りの装飾をつくる子がいても認めていきましょう。
　汚れてもよい服を着用するよう事前に連絡をしておき，思い切った活動をさせましょう。
　「高く積み上げよう選手権」や「砂の街づくり」のような活動に広げても面白いです。

（松田　拓也）

自然とあそぶ（造形あそび）

石の形から発想しよう！
お気に入りの石

 時間 10分　 準備物　●石，水性顔料や絵の具，パス

石の形に興味をもちながら，形から発想したものを直接石に描き込み友達とできあがりの楽しさを味わう。

対象
低学年
中学年
高学年

1. 好きな形の石を選ぶ（あらかじめ見つけさせておくとよい）

石にはいろいろな形がありますね。お気に入りの石を選んで，その形から思いついたものを石に描いてみましょう。どんなものが思い浮かぶでしょうか？

2. 石に絵を描き，できたものを見せ合う

それぞれいろいろな石になりましたね。お互いに見せ合って，どんなところがよいか見つけてみましょう。

これがぞうさんの鼻に見えるね！

同じような形でも私は帽子になったよ！

むぎわらぼうし

ぞうさん

カクレクマノミ

マンボウ

自然とあそぶ

＼ ポイント ／

石を様々な角度から見ることで，表と裏に違う発想をした絵を描いてもよいでしょう。

（佐藤　貴子）

自然とあそぶ（工作）

枝で自分だけの宝物をつくろう！
世界に一つだけのペン

 時間 15分　 準備物 ●枝，小刀

ねらい
校庭や公園で枝を見つけ，小刀で削って自分だけのペンをつくる。

対象
低学年
中学年
高学年

1. 枝を観察する

 いろんな枝を見つけましたね。どんな違いがありますか？

太さや長さが違うよ！

木の種類によって，色や表面の手触りも違うね！

2. 木を削る

 けがをしないように，木を持つ方の手を特に気をつけて削りましょう！

3. 絵の具や墨をつけて模様を描いてみる

 太い線や細い線が描けるね！　いい感じ！

うまくいくコツ
木を持つ方の手に，滑り止めがついた軍手をはめるようにする。

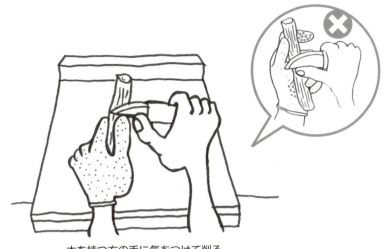

木を持つ方の手に気をつけて削る。

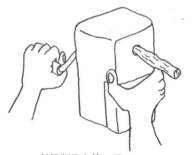

鉛筆削りを使って。

紙やすりを使って。

自然とあそふ

> ＼ ポイント ／
>
> 小刀の持ち方，削る角度や強さ，木の持ち方や回し方などについて，実演したり動画等を活用したりして指導し，うまく削るコツをつかめるようにしましょう。鉛筆削りや紙やすりも活用できます。

（大島　聖矢）

自然とあそぶ（造形あそび）

校庭でかくれんぼをしよう！
小人になった自分のお気に入りの場所

 時間　15分　 準備物　●ラミネートした写真，タブレット端末

好きなポーズの自分を撮影してラミネートし，校庭の好きな場所に置いて撮影したり，周りに石や枝，麻紐などで飾ったりする。

対象
低学年
中学年
高学年

1. 校庭のどこにどんなポーズの小人の自分を置くか探す

 校庭のどこが好き？　どこに隠れたい？　何して遊びたい？　探しましょう！

2. こうしたいというポーズで写真を撮りラミネートする

 私は寝っ転がったポーズがいいな！

 僕はスーパーマンみたいにジャンプ！

 私たちは一緒に座るよ！

3. ラミネートした自分を撮影したり探し合ったりする

 木の穴が秘密基地みたいだから，小人の自分が遊んでるよ！

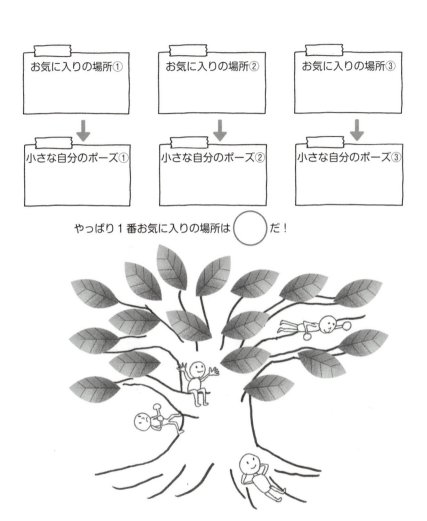

| お気に入りの場所① | お気に入りの場所② | お気に入りの場所③ |

↓ ↓ ↓

| 小さな自分のポーズ① | 小さな自分のポーズ② | 小さな自分のポーズ③ |

やっぱり1番お気に入りの場所は（　）だ！

自然とあそぶ

\ ポイント /

校庭の隅をよく見ると形や色などへの新たな発見があること，見立てる楽しさ，場所や想像したことに合わせたポーズの工夫や置き方の工夫につなげられるようにしましょう。

（大島　聖矢）

内容別　短時間でパッとできる図工あそび　167

自然とあそぶ（絵で表す）

キラキラかがやくすてきな世界を見つけよう！
キラキラ水の世界

時間 10分　準備物 ●霧吹きまたはスポイト，タブレット端末

ねらい
キラキラ光る水に興味をもちながら，水の吹き方や光り方を工夫して写真を撮る活動に楽しんで遊ぶ。

対象：低学年／中学年／高学年

1. 先生の試作を見せる

> 水に光が当たると，キラキラ光ってきれいに見えますね。ではいろんな物や場所で水に光を当てると，どんな風に見えるでしょうか。

2. 思い思いの物に水をつけて写真を撮る

> 気になった物，場所に，霧吹きやスポイトで水をつけ，光が当たっているところを写真に撮ってきましょう。

> ガラスにつけると反射して，もっとキラキラするよ！

> 石につけると，しめって模様みたいになるね。

タイトル	真夏の宝箱
どこで撮影した？	朝顔の花
どんな感じがした？	水玉が宝石みたいだった。

写真

自然とあそぶ

＼ ポイント ／
水滴がよく光るように，太陽がよく出ている時期や時間に行ったり，運動場で行ったりするとよいですね。

（山田　祥太郎）

自然とあそぶ（工作）

形や色を活かしてつくろう！
ネイチャーネームプレートをつくろう

 時間　15分　 準備物　●自然材，木工用接着剤，画用紙

ねらい
自然材の形や色に興味をもちながら，組み合わせ方を工夫して，世界に一つだけのネームプレートづくりを楽しんで遊ぶ。

対象：低学年／中学年／高学年

1. 集めた自然材を見せる

この枝と枝を組み合わせると，何か文字に見えてきませんか？　自然の材料を組み合わせることで，すてきな飾りをつくることができそうですね！

2. 台紙に自然材を貼り付けネームプレートをつくる

自然の材料を組み合わせて，ネームプレートをつくりましょう。

石と枝を組み合わせて，好きな動物の形をつくろう！

名前だけなく，周りもつけるとすてきになるね！

うまくいくコツ
台紙となる画用紙は，1枚だと薄いので，工作用紙などで厚みをもたせるとよい。

自然とあそぶ

> \ ポイント /
> 材料の組み合わせ方に着目させて，いろいろな表し方を見つけたり，友達の作品のよさに気づけたりするようにしましょう。

（山田　祥太郎）

タブレット端末であそぶ（鑑賞）

タブレット端末の写真機能でおもしろ顔を探そう！
フェイスアート

 時間 10分　 準備物 ●タブレット端末

タブレット端末の写真機能を使って顔に見えるものを探して撮影することで，普段とは視点を変えて様々なものを見てみる。

対象 低学年／中学年／高学年

1. 実際に見せる

 先生，昨日，顔に見えるもの見つけたので写真撮ってみました。

 わぁーっ，ほんとだ！　顔とか生き物に見える！

 タブレットを使って，学校の中で顔に見えるものを撮ってみんなに紹介してください。

> **うまくいくコツ**
> 写真を撮るときにタブレット端末のアングルをいろいろ変えながら，形を強調して撮ると，顔の面白さが強調される。

2. みんなで共有して鑑賞会をする

 撮ってきた写真のお勧めを，みんなで見てみたいと思います。ベストショットを先生に送ってください。

 よーし，ベストショットの顔を送るぞー！

タブレット端末であそぶ

＼ プラスα ／
撮影した写真にペンを入れて顔の面白さを強調しても面白いです。プリントして，フェイスアートミニ写真展をしたり，1日1枚今日の顔という時間を設けて1人ずつ紹介したりすることもできます。

（竹井　史）

内容別　短時間でパッとできる図工あそび

タブレット端末であそぶ（絵で表す）

そこに何があったのか考えよう！
シルエットクイズ

時間　10分

準備物　●タブレット端末

ねらい
周りの様子をヒントに答えを導き出せるような物を対象として撮影し，それを塗りつぶしたクイズを楽しんで遊ぶ。

対象：低学年／中学年／高学年

1. 周りの様子をヒントに答えを導き出せる物を見つけ撮影する

シルエットクイズにすると面白そうな物を撮影しましょう。

うまくいくコツ
学習アプリ「ピクチャーキッズ」を使用する。

2. 撮影した写真の対象物を好きな色で段階的に塗りつぶす

塗りつぶした場所を少しずつ減らして出題できるようにしましょう。

うまくいくコツ
みんながよく知っている場所でクイズを考えるとよい。

こんなところにこんな物があったんだね。

塗りつぶしてみると面白い形をしている。

タブレット端末であそぶ

＼ ポイント ／
わくわく感が増すように，少しずつ塗りつぶしを戻しながらクイズを出すようにしましょう。

（塚本　雅子）

内容別　短時間でパッとできる図工あそび

タブレット端末であそぶ（絵で表す）

身近な物から生き物をつくろう！
タブレットから生まれたよ

 時間 15分　 準備物　●タブレット端末

ねらい
教室にある身近な場所や物に興味をもち，写真の撮り方を工夫して，生き物づくりを楽しむ。

対象：低学年／中学年／高学年

1. タブレット端末で写真を撮る

教室にある物や場所で，生き物に見える物を探してタブレットで写真に撮りましょう。

この角度から撮ると生き物らしく見えるね！

2. 描画ソフトを利用して，目などを付け足して生き物を完成する

もとの形や色を生かして，できるだけ描き加えるものは少なく，簡単なものにするように工夫しましょう。

どんな名前をつけようかな！

もっと廊下や運動場に探しに行きたい！

うまくいくコツ
既成の生き物にこだわらず，新種の生き物を誕生させても面白い。

机の上にカタツムリ発見

教室にオニがいたよ

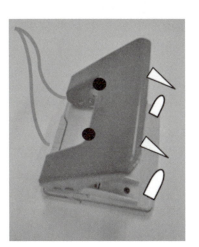
危険！ヘビがいるよ

何でできたテントウムシ？

タブレット端末であそぶ

＼ プラスα ／
安全に気をつけて，学校中の場所や物を探してみましょう。

（加藤　俊行）

タブレット端末であそぶ（動画作成）

人間の新境地に挑戦しよう！
ムービーインポッシブル

時間 15分　準備物 ●タブレット端末

ねらい
人物のポーズや物の配置を工夫してコマ撮り写真を撮ることで，現実には不可能な動きをつくり出す。

対象：低学年／中学年／高学年

1. 参考作品を見せ，実際には不可能な動きを出し合う

コマ撮りで表せたら面白そうな動きはありますか。

今度は扉をすり抜けたり，空中に浮いたまま移動できたら面白いな。

鉛筆が歩いたりはさみが勝手に紙を切ったり，物が動くのもいいね。

2. コマ撮りのアプリやスライドショー機能を使い映像をつくる

少しずつ物を動かしながら何枚も写真を撮って，不可能な動きを表してみましょう。

うまくいくコツ
カメラを固定すると動きが見やすいので，スタンドを用意したり，友達と協力したりするとよい。

静止して写真を撮った後…

ジャンプして後退しながら写真を撮ってつなげていくと，飛ばされているように見えるよ！

タブレット端末であそぶ

＼ ポイント ／
できあがった映像は共有フォルダに入れて，いつでも見られるようにしておくと，さらに発想が広がっていきます。

(鈴木　さやか)

内容別　短時間でパッとできる図工あそび

タブレット端末であそぶ（絵で表す）

思い出して描こう！
どんな顔だっけ？

 時間 10分　 準備物　●タブレット端末

ねらい

キャラクターの顔を思い出し，目鼻口などの特徴やバランスを考えて，タブレット端末で描くことを楽しむ。

対象
低学年
中学年
高学年

1. タブレット端末であるキャラクターの顔が切り取られた画像を送る

 今送った画像のキャラクターって何かわかりますか？

 ○○○（キャラクター名）だ！　でも顔がないよ。

2. 活動内容を説明する

 今から，このキャラクターの顔をよく思い出して，制限時間5分以内で描いてみましょう。

 あれ？　どんな色の鼻だったっけ？

 目は離れていた？　くっついていた？

うまくいくコツ
事前に顔を塗りつぶしてかくしたキャラクターを準備する。また，制限時間はクラスの実態に合うように変えるとよい。

＼ ポイント＆プラスα ／

　事前に子どもたちがよく知っているキャラクターを調査しておくとスムーズにいきます。

　描いた絵は，全体で共有して鑑賞させると面白いです。

　1人で描くのではなく，ペアで協力もしくは時間で分担して描いていっても活動が盛り上がりそうです。

（松田　拓也）

タブレット端末であそぶ（鑑賞）

美術作品の特徴をつかもう！
アート検索対決

 時間 15分　 準備物　●タブレット端末

美術作品の特徴を捉え，インターネット検索を使って，作品の題名を当てることを楽しむ。

対象
低学年
中学年
高学年

1. タブレット端末で題材を説明する

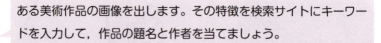

ある美術作品の画像を出します。その特徴を検索サイトにキーワードを入力して，作品の題名と作者を当てましょう。

どんな作品が出るかなー？　知っているやつあるかな？

2. サイトの画像検索を活用して作品の題名と作者名を探す

これはどうでしょう？　日本の作品ですかね。鬼みたいなのが左右に2人いますね。

「日本，美術，鬼」で検索…。うーんないな…。あった！「風神雷神図屏風」　作者は…俵屋宗達！

> **うまくいくコツ**
> 有名な作品だけど，名前を知らない作品や，特徴を捉えやすい作品を選ぶとよい。

タブレット端末であそぶ

＼ ポイント＆プラスα ／

　事前にたくさんの作品を用意しておくと，いつでもできます。
　絵画だけではなく，彫刻，建築物などでも面白いです（図画工作とは離れますが，動物や植物も盛り上がります）。
　グループ対抗戦で行うときに，1人の子だけが作品を見て，グループの子に，その特徴を伝えて検索してもらう活動展開もあります。（※難易度高めです）。

（松田　拓也）

内容別　短時間でパッとできる図工あそび　183

タブレット端末であそぶ（鑑賞）

面白い形の穴を見つけよう！
あなたは穴探偵団

 時間 15分　 準備物 ●タブレット端末

身の回りにある様々な穴の形の面白さを味わいながら遊ぶ。

対象
低学年
中学年
高学年

1. 先生がクイズを出す

 このイラストは，この教室の中にある穴の穴部分だけをイラストにしたものです。探偵のみんななら何の穴かわかりますか？

 同じ四角がたくさん並んでいるよ。

 ロッカーだ！

うまくいくコツ
普通教室の中だけだと，あまり穴がないかもしれないため，実態に合わせて活動場所を変えたり広げたりするとよい。

2. 写真を撮ってクイズをつくる

 みなさんも身の回りから面白い形の穴を探して写真を撮り，クイズをつくりましょう。友達から出されたクイズを探偵になったつもりで解いてみましょう！

 普段あまり意識してなかったけど，面白い形がたくさんあるね。

【写真】

❶ タブレット端末で写真を撮る。

❷ アプリのレイヤー機能を活用して穴の部分だけなぞり，クイズをつくる。

※レイヤー機能がなければ，写真を見て描いても大丈夫。

【クイズ】

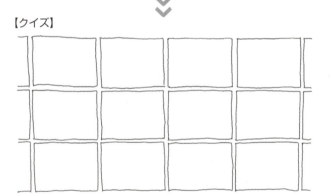

❸ 友達にクイズを出す。正解を発表する際に，写真を一緒に見せるとよい。

タブレット端末であそぶ

＼ ポイント ／

お家で写真を撮ってきてクイズにすると，野菜の切り口など，工業製品とは違う変わった形が出てくるので面白いです。

（大須賀　章人）

タブレット端末であそぶ（鑑賞）

カメラで撮ってクイズにしよう！
これはなんだ？

| 時間 | 10分 | 準備物 | ●タブレット端末，モニター |

普段当たり前に見ている物をちょっと違う角度から見て、近寄って写真に撮ることにより、見方の面白さをクイズにして楽しむ。

対象
低学年
中学年
高学年

1. 実際に写真を見せる

 これは、教室にある物の写真です。いつもみなさんが見ている角度とは違う方向から見て、近寄って写真を撮りました。さあこれはいったい何でしょう？ クイズにすると面白いですね！

2. 写真を撮ってクイズにする

 写真は撮れましたか？ グループで撮った写真を見せ合って、クイズにしてみましょう。

 斜め上から見るだけでずいぶん違うね！

 小さい物でも大きく写すと全然違う感じがするよ！

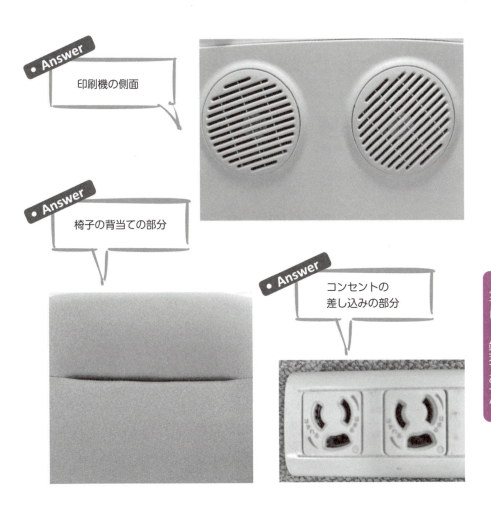

＼ プラスα ／

「○○みたいに見えるね」という感想をつけ加えるようにすると見方が広がります。

（佐藤　貴子）

タブレット端末であそぶ（鑑賞）

学校の中にあるいろいろな色を探そう！
学校の５レンジャーを探すんじゃー！

 時間 15分　 準備物　●タブレット端末

ねらい
校内で赤，青，黄，緑，黒またはピンクなどの５色のものを探して撮影し，ロイロノートで見合うことで，様々な色があることに気づく。

対象：低学年／中学年／高学年

1. 学校の中から５色を探して撮影する

 学校の中って何色が多いですか？

 そう言われると確かに白が多いかな？

 白以外の５色の５レンジャーを探しましょう！　でも５レンジャーだから似た色はダメです！　はっきり違う５色を探しましょう！

 何色がありそうかな？　見つかるかなぁ？

うまくいくコツ
何色の５色にするかは探しながらそれぞれが決めてもよいし，話し合ってはじめに決めてもよい。

2. みんなが見つけた５色の写真を見合う

 赤色はいろんなところに使われているけど，ピンクは少ないね！

 緑色にも濃い緑と薄い緑，明るい緑や渋い緑があるね！

学校の5レンジャーを探して気づいたことや考えたこと

タブレット端末であそぶ

＼ プラスα ／

例えば「今日は赤色のレンジャーを探そう！」にすると，同じ赤色でも場所によって色の違いがあることや，赤色がどんな場所に多く使われているかなどに気づくことができ，「色の感じ」の理解につながります。

（大島　聖矢）

タブレット端末であそぶ（絵で表す）

体一つで不思議体験をしよう！
トリックピクチャー

 時間 15分   準備物 ●タブレット端末

写真を撮る角度やシャッターのタイミングによって，面白写真を創作し，楽しむ。

対象
低学年
中学年
高学年

1. 先生の試作を見せる

 この写真を見てください。崖から落ちそうになっているところを撮りました。これ，どうやって撮影しているかわかりますか？

 横向きに撮っているのかな？

2. 2人組になって遊ぶ

 その通りです！ みなさんも，2人組になって，ちょっと不思議な写真を撮ってみましょう！

 角度を変えると見え方が変わるね。

 タイミングよくシャッターを押すと，浮いているみたいだよ。

タイトル	落ちるー！！
どこで撮影した？	体育館の舞台の上
どうやって撮影した？	舞台の端をつかんで寝転がって撮影した。

写真

＼ ポイント ／

カメラの角度や，シャッターのタイミングを工夫して，いろいろな見え方を試したり，友達の作品の面白さに気づいたりするようにしましょう。

（山田　祥太郎）

タブレット端末であそぶ

【編者紹介】
『授業力&学級経営力』編集部
（じゅぎょうりょくあんどがっきゅうけいえいりょくへんしゅうぶ）

【執筆者一覧】（執筆順）

竹井　史（同志社女子大学）
塚本　雅子（愛知県名古屋市立高針小学校）
鈴木さやか（愛知県名古屋市立正保小学校）
佐藤　貴子（愛知県名古屋市立野並小学校）
松田　拓也（愛知県名古屋市立山吹小学校）
河口　貴子（愛知県名古屋市立明徳小学校）
加藤　俊行（愛知県名古屋市立戸笠小学校）
安田　拓之（愛知県名古屋市立大高北小学校）
厚東　実（愛知県名古屋市立鳴子小学校）
大須賀章人（愛知県名古屋市立豊岡小学校）
大島　聖矢（愛知県名古屋市立明正小学校）
山田祥太郎（愛知県名古屋市立楠小学校）

6年間まるっとおまかせ！
短時間でパッとできる図工あそび大事典

2025年3月初版第1刷刊　Ⓒ編　者　『授業力&学級経営力』編集部
　　　　　　　　　　　　発行者　藤　原　光　政
　　　　　　　　　　　　発行所　明治図書出版株式会社
　　　　　　　　　　　　　　　　http://www.meijitosho.co.jp
　　　　　　　　　　　　（企画）木村　悠（校正）吉田　茜
　　　　　　　　　　　　〒114-0023　東京都北区滝野川7-46-1
　　　　　　　　　　　　振替00160-5-151318　電話03(5907)6703
　　　　　　　　　　　　ご注文窓口　　　　　電話03(5907)6668

＊検印省略　　　　　　　組版所　広　研　印　刷　株　式　会　社
本書の無断コピーは，著作権・出版権にふれます。ご注意ください。

Printed in Japan　　　　　　　ISBN978-4-18-360530-6
もれなくクーポンがもらえる！読者アンケートはこちらから→